MELEK ÖĞRETİLERİ

AKSU BÜYÜKATLI

NOKTA KİTAP

MELEK ÖĞRETİLERİ
AKSU BÜYÜKATLI

NOKTA KİTAP

Topçular Mah. Rami Kışla Cad. Aydınlar İşhanı Arkası
Bina No:00 11 2. Blok Topçular-Eyüp/İSTANBUL

ISBN: 978-605-9980-19-7

GENEL YAYIN YÖNETMENİ: ENGİN UĞUR
EDİTÖR: CEM CAVILDAK
BİLGİSAYAR UYGULAMA: BEFRİN AKAN
KAPAK TASARIM: DENİZ UÇLUOK
deniz@kitapdizayn.com
BASKI-CİLT: MELİSA MATBAASI

Sertifika No:12088

Çifte Havuzlar Yolu Acar Sitesi No: 4
Davutpaşa-İstanbul Tel: 0212 674 97 23

İletişim ve Pazarlama: Nail Yurtseven 0532 571 21 44

MELEK ÖĞRETİLERİ

AKSU BÜYÜKATLI

NOKTA KİTAP

İÇİNDEKİLER

AKSU BÜYÜKATLI

Aksu Büyükatlı, İstanbul Şişli'de doğdu. Doğuştan sahip olduğu durugörü ve parapsikoloji yeteneği çocukluğundan itibaren ailesi ve arkadaşları arasında büyük bir ilgi görmesine neden olmuştu. Meleklerle bağlantı kurabilen, geleceği görebilen, çevresindekilere şifa verebilen Aksu Büyükatlı, Tanrı'dan gelen bu yetenekleriyle parapsikoloji alanında eğitim almaya, okumaya ve araştırmaya yöneldi. Astroloji, temel psikoloji, hipnoz, melekler inisiyasyonu, kozmos ve kuantum alanlarında pek çok farklı dalda eğitim aldı. Doğuştan sahip olduğu yeteneğin yanı sıra, sanatçı kişiliği ve resim alanında çalışmaları da melek bilincinin diğer yansıması gibidir. Yaptığı pek çok farklı alanda çevirilerle, edebiyat dünyasına katılması da, bu sanatçı ruha bağlı olarak gelişmiştir. Kehanet, parapsikoloji ve durugörü araştırmacılığıyla başlayan gizemli çalışmalarıysa her zaman yaşamının ve sahip olduğu yeteneklerin bir parçası olmaya devam etmektedir. İlahi ışığın saflığını yansıtan ruhu kelimelere döküldükçe, bu alanda yazmaya ve bildiklerini insanlarla paylaşmaya, sahip olduğu ışık bilgilerini, melek bilgeliğini ve sevgisini insanlara kitaplarıyla yansıtmaya başlamıştır.

ÖNSÖZ

Melekler, koşulsuz sevgi varlıkları, insan aklının sınırlarını zorlayan pozitif frekans boyutundadırlar. Onlara sorunlarınızın çözülmesi konusunda davette yani çağrıda bulunmalısınız. Bir kez o bağlantıya eriştiğinizde, yaşamınızın melek mucizeleri ile dolduğunu görürsünüz. Yaşamınız iyi yönde değişmeye başlar. Talihiniz açılır, şans yıldızınız yükselir ve meleklerin güçlü bağlantılarını, enerjilerini her geçen gün daha fazla hissetmeye başlarsınız. Sizin ve yakınlarınızın üzerinde bu yüksek enerjinin varlığını algılarsınız.

Bu kitabımla sizlerle melekler arasında, elimden geldiğince bağlantı köprüsü olmaya ve onların özel bağlantı çalışmalarını sizlerle paylaşmaya çalışacağım. Allah'ın melekleri biz insanlara yardım için hazır bekliyor sevgili okurlarım. O hâlde bizler neden hâlen acı çekmeye devam ediyoruz? Çıkmazlara düşüyor, yokluk çekiyor, ilişkilerimizde sorunlar yaşıyoruz. Oysa meleklerimizi yaşamımıza çekebilir ve sorunlarımızda onlardan yardım isteyebiliriz.

Sizlerle kitabımın ilerleyen sayfalarında çok özel yöntemler paylaşacağım. Bu yöntemlerle sıkıntıya düştüğünüz her konuda meleklerinizden yardım alabileceksiniz. Diğer kitaplarımda olduğu gibi bu kitabımda da sizlere açık ve net bir dille meleklerle nasıl bağlantı kuracağınızı, onların frekansına nasıl erişeceğinizi anlatacağım. Tek dileğim önce Allah'ın, sonra meleklerin yardımı ile tüm insanların, hayvanların, bitkilerin ve tüm yaratılmışların altın çağ yolunda bedenen, ruhen sifalanmaları ve yükselmeleridir. Bu şifalanma manevi ve maddesel olarak gerçekleşecektir. Yani Allah'ın ve meleklerin yardımı ile ruhsal farkındalığa erişmemiz, sorunlarımızdan arınmamız mümkün sevgili okurlarım.

Elinizdeki bu kitap, sizler için açılan bir mucize kapısıdır. Meleklerinizle bağlantıya geçmek, onları yaşamınıza davet etmek için bir aracı ve yardımcıdır. Meleklerin yüksek enerjileri, evrenin ve canlılar âleminin Allah'ın planıyla uyum içinde akışını sağlar. Melekler bu planda yaratılmış tüm varlıkların yardımcıları ve koruyucularıdır.

Sevgili okurlarım, her türlü sorununuzun çözümü için yardım alabileceğiniz melekler vardır. Sizlere kitabımda bu meleklerin isimlerini ve onlara nasıl ulaşıp, onlarla nasıl çalışabileceğinizi paylaşacağım. Diğer kitaplarımda olduğu gibi melek bağlantılarınız ve çağrılarınız konusunda bana Aksu Büyükatlı/facebook ve altin.melek@hotmail.com adreslerinden ulaşabilirsiniz.

MELEKLER TARİHİ

MELEKLER TARİHİ

Meleklerin varoluşu dünyanın ve insanlığın varoluşundan çok daha öncesine dayanmakta ve insanlar var oldukları günden beri melekleri ve göksel varlıkları tasvir etmektedirler. Ölümlü insan varlıklar ile kutsal varlıklar arasındaki bağlantı neredeyse her kültür ve her dinde devam etmiştir. İnsanlar melekleri göklerden mesajlar getiren kutsal kanatlılar olarak tanımlamışlar; onların büyük mucizeler yapabildiklerine, insanları, çocukları ve hayvanları koruduklarına ayrıca meleklerin dünyaya felaketleri getirebildiklerine de inanmışlar; onların her beden görünümüne dönüşebildiklerini çeşitli duvar resimleri ve hiyerogliflerle ifade etmişlerdir.

Melekler üzerine yapılan tarih öncesi araştırmalarda, Sümerlerin melekleri kanatlı koruyucular olarak tanımladıkları ortaya çıkmıştır. Sümerler, kanatlı koruyucularını duvar resimlerinde sıkça kullanmışlardır. Sümerlerin koruyucu meleklere yönelik inancı, herkesin bir kanatlı varlığa sahip olduğu yönündeydi. İnsanların koruyucu melekleri onlara zorda kaldıklarında yardım ediyorlardı. Sümerlerin yapılarının duvarlarında kanatlı büyük insan çizimlerine ve taş oymalarına rastlanmıştır.

Sümerlerin kanatlı varlıklara olan inançlarının tarih öncesi şamanlara uzandığı öngörülmektedir. Şamanlar, insan görünümündeki kanatlı varlıkların yeryüzü ile öte âlem arasında uçabildiklerine ve mesajlar getirdiklerine, insanlara şifa verdiklerine inanıyorlardı. Şamanların meleklerle olan şifa çalışmalarından ilerleyen sayfalarda sizlere daha ayrıntılı söz edeceğim. Şamanlar, Asya'nın merkezinden kültürlerini yaymış ve pek çok uygarlık üzerinde etkili olmuşlardır. Dünya tarihinin neredeyse her evresinde şamanların izine rastlamak mümkündür. Ayrıca şamanlar, özellikle şifa ve koruma güçlerinden ötürü uçabilen meleklere benzetilmişlerdir.

Şamanlar ölmüş yakınlarının ve insanların ruhlarını, diğer âleme kolaylıkla geçebilmeleri ve ışığa huzur içinde ulaşmaları için insana benzeyen kanatlı varlıklarla çalışıyorlarmış. Ayrıca her şifacının kendi koruyucu kanatlı varlıklarının yanı sıra başka kanatlı varlıklara da başvurdukları tahmin ediliyor.

BAŞ MELEK CEBRAİL
(GABRİEL)
MUCİZELERİ

Başmelek Cebrail (Gabriel), Allah'ın elçisidir. Tarih boyunca Allah'ın mesajlarını, sevgisini yeryüzüne ulaştırmıştır. Kutsal kitaplar döneminde de, ondan önceki ezoterik tarih sürecinde de Allah'ın elçisi olarak hizmet etmiştir. Başmelek Cebrail, Allah'ın gücü ve kudretidir. Başmelek Cebrail'in ve Başmelek Mikail'in (Michael) Allah'ın yüce makamının her iki tarafında durdukları ifade edilmiştir.

Başmelek Cebrail, yirmi üç sene boyunca, Kuran'ın inmesi sürecinde Hazreti Muhammed'e Allah'ın habercisi olmuştur. Ayrıca Meryem Ana'yı ve Hazreti İsa'nın doğumunu Zekeriya Peygamber'e haber vermiştir. İnsanlık tarihine bakıldığında Başmelek Cebrail'den haber alabileceğimiz bir tablet

olan Ölü Deniz ya da diğer bir deyişle Başmelek Cebrail tableti ile karşılaşıyoruz. Bu tabletin milattan önce birinci yüzyıla ait olduğu tahmin edilmektedir. Bu tablet üzerinde Başmelek Cebrail'in insanlara görünmüş olduğu ve "Ben Cebrail'im" dediği yazmaktadır. Başmelek Cebrail, Azrail, Mikail ve İsrafil'e ayrıca M.S. 423 yılında ölen Roma İmparatoru Honorius'un gömüt mezarındaki saf altın bir tablette de değinilmiştir. Başmelek Cebrail, o günlerden bugünlere kadar bizlere yardım etmeye, Allah'ın saf sevgi enerjisini ve kutsal bilgileri indirmeye devam etmektedir.

Başmelek Cebrail'in enerjisinin ne kadar güçlü olduğunu, onun ateş olarak ifade edilişinden anlayabilirsiniz. Başmelek Cebrail ateşin prensi olarak tasvir edilmiştir. Aynı zamanda ateşin rengi ile uyumlu olarak altın rengini temsil eder. Cennetin ve serafim melekler sınıfının da üst seviyesindedir. Allah'a iman eden imanlı ruhlara önderlik eder.

Başmelek Cebrail hakkında pek çok efsane vardır ve bu efsanelerden bir kısmını siz sevgili okurlarımla paylaşmak isterim. Fars asıllı İslam filozofu Zemahşeri'ye göre Başmelek Cebrail, tarihte azgınlıkları ve başkaldırılarıyla ünlü Sodomluları kanatlarıyla vurmuştur. Bunun ardından Sodom şehrini kanatlarıyla gökyüzünde çok yükseklere kaldırmıştır. Öyle ki, şehirdeki köpeklerin ve horozların bağırışları cennetten dahi duyulmuştur. Sonra şehri ters çevirip yeniden baş aşağı bir biçimde yeryüzüne bırakmıştır.

Firavun, bir kule inşa etmeye başlamıştır. Bu kulenin yapılmasının nedeni Musa'nın Tanrı'sının gerçek olmadığını Firavun'un halkına ispat etmeye çalışmasıydı. İslam filozofu Zemahşeri'ye göre Başmelek Cebrail, bu kuleyi kanatlarıyla üç ayrı parçaya bölmüştür. Bu parçalardan birincisi Firavun'un ordusu üzerine düşerek bin askeri öldürmüştür. Kulenin diğer parçası denize ve üçüncü parçası ise dünyanın batı tarafına düşmüştür. Böylece inşaatı gerçekleştiren Firavun'un adamlarından hiçbiri sağ kalmamıştır. Bu olayın ardından Başmelek Cebrail, Allah'a inandığını söyleyen Firavun'a denizin dibinden aldığı bir avuç çamur atarak onu susturmuştur. Başmelek Cebrail, Hz. Muhammed ile konuşmalarında bu olaydan söz etmiştir.

M.Ö. 3. ve 2. yüzyıllar arasında yazıldığı düşünülen Enok'un kitabına göre, düşmüş meleklerin efendisini ateşe atmıştır. Başmelek Cebrail, ayrıca tüm şeytanları çeşitli yerlerdeki yuvalarından çıkararak yok eder. Ruhu ve kalbi ibadetle dolu olanların yanındadır ve onları karanlık güçlerden korur. Başmelek Cebrail'in Roma'yı inşa ettiği düşüncesi de yine onunla ilgili

ünlü bir efsanedir. Bu efsaneye göre Kral Süleyman, Firavun'un kızlarından biriyle evlendikten sonra Başmelek Cebrail, denizin ortasına bir asa saplamış, denizi yarmış ve ortaya çıkan çamur kütlesi üzerine Roma inşa edilmiştir.

Başmelek Cebrail, Bedevi'nin, Buhari'nin ve Zemahşeri'nin metinlerinde sıklıkla yer almıştır. Başmelek Cebrail'e düşman olmak demek Allah'a sırt dönmekle eş değerdir. Bir açıklamaya göre ise elif, lam, mim olan Kur'an'ın ilk üç harfinden elif Allah'ı, lam Cebrail'i, mim ise Hz. Muhammed'i ifade etmektedir. O, cennet hazinelerinin koruyucusudur. Son gün geldiğinde ve diğer tüm varlıklar yok olduğunda o ve diğer üç başmelek var olmaya devam edeceklerdir.

Başmelek Cebrail 140 parça kanatla tasvir edilir. Bir diğer inanışa göre ise Başmelek Cebrail, yeryüzünün batı bölgesinin tek koruyucusudur. Batıdaki karanlık güçlerden bizleri korumaktadır. Başmelek Cebrail, Adem topraktan var olurken oluşuma yardım etmiştir. Cennetten kovulan Adem ve Havva'ya acıyan da odur. Onlara acıdığı için küçük bir çuval buğday getirmiş ve nasıl ekip biçeceklerini öğretmiştir. Adem'e öküz verdiği, sabanla toprağı nasıl işleyeceğini öğrettiği de hadislerde geçmektedir. Ayrıca ruhların ölümden sonraki öte dünya yaşamlarını, onların bedenliyken gösterdikleri iyiliklere göre belirler ve onları hazırlar. Hastaların yardımcısıdır ve onlara Allah'ın yüce şifasını ulaştırır. Ayrıca Başmelek Cebrail'in yeryüzünde var olan tüm meyvelerin büyümesini sağladığı bilinmektedir.

Başmelek Cebrail'in enerjisi altın sarısı rengindedir. Tarih boyunca çok farklı şekillerde insanlara belirmiştir. Asa, zeytin dalı, meşale, zambak, ayna, zırh veya mızrak taşıdığı söylenir.

Sevgili okurlarım, melekler sisteminin yücesi Allah'ın elçisi olan Başmelek Cebrail, size fiziksel güç, huzur ve sevgi getirecektir. Başmelek Cebrail yüceler yücesidir ve emrinde sayısız melekler çalışmakta, ona hizmet etmektedir. Ondan her konuda yardım isteyebilir onun sonsuz sevgi enerjisinden ruhsal ve dünyevi konularda destek alarak şifalanabilirsiniz. Şimdi Başmelek Cebrail ile nasıl bağlantıya girebileceğinize bakalım.

BAŞMELEK CEBRAİL
(GABRİEL)
BAĞLANTILARI

Sevgili okurlarım, öncelikle dileklerinizin sizler ve sevdikleriniz için hayırlı, sevgi dolu ve iyi niyetli olmasına özen göstermelisiniz. Kötü düşünce ya da niyet içeren her türlü dileğiniz sizi yanlış kanallara yöneltebilir. Böylece melekler frekansına ulaşmakta güçlük çekersiniz.

Başmelek Cebrailin yardımı ile yaşamınıza mucizeleri, değişim ve güzellikleri davet etmek için şimdi sizinle birlikte çalışmaya başlayalım. Öncelikle onu zihninizde çizdiğiniz bir resimle tasvir etmenizi öneriyorum. Bu resim sizin kendi duygularınıza, onu nasıl görmek istediğinize bağlı olabilir, çünkü bildiğiniz gibi melekler bedenli varlıklar değildir; ancak insanlara ulaşırken zaman zaman farklı beden ve şekillere bürünebilmektedir. Melekler ışık varlıklarıdır. Bu nedenle siz onları kalbinizde nasıl görüyor ve nasıl hissediyorsanız o şekilde yorumlayabilir, tasvir edebilirsiniz.

Çağrınızı temiz kıyafetler ve temiz bir bedenle gece yapmanız, kanala çok daha kolay ulaşmanızı sağlayacaktır. Ancak gün içinde de birkaç dakika zaman ayırarak ona çağrıda bulunabilir ve sorunlarınız için yardım isteyebilirsiniz. Başmelek Cebrail, resmini aklınızda çizdiğinizde bağlantı kanalını açmaya başlarsınız. Onu düşünmeniz dahi sizi duyması için yeterli olacaktır. Aklınızdaki bu resme yoğunlaştıktan sonra önce ona olan minnetinizi sunmanız gerekmektedir. Çünkü o koşulsuz, şartsız sizlere Allah'ın yüce katından sevgi, şifa, mutluluk ve huzur indirmektedir. Ona olan minnetimiz, sevgi ve saygımız sonsuzdur. Bu minneti çalışmaya başlamadan önce ona iletmeli, yaptığınız her çalışma sonunda ise meleklerinize teşekkür etmelisiniz.

"Başmelek Cebrail, Allah'ın katından bize sunduğun enerjiler için sana minnettarım. Lütfen bana Allah'ın benim için belirlediği doğru yolu görmem konusunda yardım et. Acılarımı, endişelerimi al ve kalbimin mutlulukla, huzurla dolmasında bana yardımcı ol. Yaşamımı düzenlemek, ruhsal ve fiziksel olarak şifalanmam için bana yardım et... Senin kanalınla akan yüce şifa enerjisi için Allah'a şükürler olsun. Kanal olduğun için sana minnettarım ve teşekkür ederim."

Başmelek Cebrail ile bağlantı kurmak için sizlerle farklı bir yöntemi daha paylaşmak isterim. Bu çalışmada Başmelek Cebrail'in temsil ettiği ateşin yardımı ile onunla bağlantıya geçmeye başlıyoruz. Bu çalışma süresince dileğinizi söylemeye devam edebilirsiniz.

Örneğin, "Başmelek Cebrail, hastalıklarımın geçmesi için Allah'ın şifasını bana ulaştır ve acılarımın hafiflemesi için bana yardımcı ol..." diyebilirsiniz. Yaşamınızdaki aksaklıkların düzelmesi, işlerinizin yoluna girmesi ya da istediğiniz her konuda Başmelek Cebrail'e çağrıda bulunabilir; ondan size yardım etmesini isteyebilirsiniz.

Başmelek Cebrail'e çağrı yaparken bulunduğunuz odada hanımeli ve yasemin çiçekleri yakabilirsiniz. Bu karışımları özel mumluklarda yakmanızı tavsiye ederim. Çiçek kokuları odanıza yayıldıktan sonra konsantre olmanız ve onunla bağlantıya geçmeniz daha kolay olacaktır.

Bu çalışmada mümkünse gümüş ya da gümüş rengi bir mumluk kullanmanız gerekmektedir. Çalışmayı gece uygulamalı ve evinizdeki tüm ışıkları kapatıp sadece gümüş mumluktaki mumu yakmalısınız. Ardından mumu bir suya batırarak söndürüyorsunuz. Sonra bu sudan bir yudum içerek çalışmaya başlıyorsunuz. Dokuz gece boyunca aynı yöntemi uygulayabilirsiniz. Ancak bu dokuz gece boyunca aynı dileğinizi, aynı cümleleri kullanarak tekrarlamayı unutmayınız.

Sabahları uyandığınızda, işinize giderken ya da evinizde güne hazırlanırken sadece üç dakikanızı ayırmanız gününüzün koruma altında geçmesini sağlayacaktır. Bu korumayı Başmelek Cebrail'den rica edebilirsiniz.

"Yüceler yücesi, Allah'ın elçisi Başmelek Cebrail, altın rengi enerjinle korunmam için üzerime enerjini ulaştır ve enerjinle beni koruma kalkanı içine al. Sana minnettarım, sana teşekkür ederim..."

"Yüceler yücesi, Allah'ın elçisi Başmelek Cebrail, gün boyu enerjik olabilmem, sevdiklerimle mutlu olabilmem, huzurlu ve sakin bir gün geçirebilmem için beni enerjinle sar. Sana minnettarım ve sana sonsuz teşekkür ederim."

Hasta olan okurlarıma, bu kitap aracılığıyla, Başmelek Cebrail ve sorgusuz ibadet eden, secdede duran melekler aracılığıyla şifalar dilerim. Sizler de gün başladığında Başmelek Cebrail'den, yüceler yücesinden şifa isteyebilirsiniz. Lütfen bunu her sabah uygulamaya devam edin. İlerleyen sayfalarda sizlere melekler aracılığıyla şifa alabileceğiniz daha pek çağrı yöntemiyle yardımcı olmaya çalışacağım.

Lütfen gözlerinizi kapatın ve Başmelek Cebrail'e yoğunlaşın. Onu zihninizde resmedin ya da zihninizde onun ismini tekrar ederek çağrıda bulunun.

"Başmelek Cebrail, (burada ağrıyan bölgenizi belirtmelisiniz) başıma şifa enerjinin, yüce enerjinin akmasını sağla. Acılarımın dinmesi ve şifa bulması için bana yardım et. Allah'ın katından şifa enerjilerinin bana akmasına yardım et. Sana minnettarım ve teşekkür ederim."

Gün içinde yaşadığınız zor anlarda ve çıkmaza düştüğünüz zamanlarda uygulayabileceğiniz başka bir özel çalışma da yapabilirsiniz.

"Başmelek Cebrail, içinde bulunduğum zor koşulların düzelmesi için enerjini bana ulaştır. Bu enerji aracılığıyla müjdelerin, mutlulukların yaşamıma akmasına yardım et. Sana minnettarım ve teşekkür ederim."

"Başmelek Cebrail, yüceler yücesi, sen Allah'ın gücünü ve kudretini temsil edensin. Bizlerin üzerinden dualarını ve kutsal enerjilerini esirgeme. Sana minnettarım ve teşekkür ederim."

"Başmelek Cebrail, sen Allah'ın katındansın. Bizlere senin aracılığınla ulaşan sevgi, sonsuz sevgi ve merhamettir. Bu sevginin bize akmasına yardım et. Sana minnettarım ve teşekkür ederim."

"Başmelek Cebrail, bize güzel, günahsız, yalansız yaşamlar sürmemiz için yardım et. Bizim için dua et. Sana minnettarım ve teşekkür ederim."

"Başmelek Cebrail, sen kutsal bilgileri indiren, bizleri karanlığın güçlerinden koruyansın. Bize kötülüğün ve karanlığın ulaşamaması için yardım et. Koruma enerjini üzerimizde tutmaya devam et ve bizden dualarını esirgeme. Sana minnettarım ve teşekkür ederim."

"Başmelek Cebrail, sen en yücelerden gelen temsilcisin. Bize cennet kapılarının açılması için dua et. Sana minnettarım ve teşekkür ederim."

"Başmelek Cebrail, sen ruhlara inen ışık ve huzursun. Bu ışığın ve huzurun sürmesi için bizden sevgini esirgeme. Bu sevginin bize akması için dua et. Sana minnettarım ve teşekkür ederim."

"Başmelek Cebrail, sen cennetlerin koruyucususun. Enerjin sonsuzdur. Sonsuz enerjini bizlerden esirgeme ve bizler için dua et. Sana minnettarım ve teşekkür ederim."

"Başmelek Cebrail, sen ruhlara doğruyu öğretensin. Bizlere hem bu dünyada, hem de diğer dünyada rehberlik edensin. Bu rehberliği, bu büyük sevgiyi bizlerden esirgeme... Sana minnettarım ve teşekkür ederim."

"Başmelek Cebrail, sen Allah'ın adaletini getirensin. İmansızları onun adıyla cezalandıransın. Bizleri hem bu âlemde, hemde öte âlemde iman ışığıyla sar ve sonsuz imanın ruhlarımızda kalması için dua et. Sana minnettarım ve teşekkür ederim."

"Başmelek Cebrail, sen Allah'ın ışığısın. Allah'ın kutsal kelimelerini yeryüzüne indiren ve ruhlarımızın kötülükten kurtulmasını sağlayansın. Bu ışığın akmasında aracı olmaya devam ettiğin için sana minnettarım ve teşekkür ederim."

"Başmelek Cebrail, sen ruhlarımızdaki ve kalplerimizdeki imanı koruyansın. Allah'ın izni ile bu imanın sonsuza dek sürmesi için bizlerden duanı esirgeme. Kalplerimizdeki ve ruhlarımızdaki imanı koruduğun için sana minnettarım ve teşekkür ederim."

"Başmelek Cebrail, günahkârlardan bizlerin ve dünyamızın korunmasına yardım etmen için sana çağrıda bulunuyorum. İndirdiğin yüce enerjinin önümüzde, dünyamızın etrafında kalkan olmasına yardım et. Bizlerden bu kutsal enerjiyi esirgeme ve bizlere yardım et. Sana minnettarım ve teşekkür ederim."

"Başmelek Cebrail, karanlık senden korkar. Karanlığın bize ulaşmasına izin verme. Koruma ışığını üzerimizden alma... Sana minnettarım ve teşekkür ederim."

"Başmelek Cebrail, ruhumuz yükseldiğinde ve bedenimiz bu boyutta kaldığında, diğer boyutta sen ve diğer yardımcı meleklerinin bize rehber olmasını, yardım etmesini sağla. Desteğini bizlerden esirgeme ve bize doğru yolu göster. Sana minnettarım ve teşekkür ederim."

BAŞMELEK CEBRAİL
(GABRİEL)
BAĞLANTI MEDİTASYONLARI

Sevgili okurlarım, Başmelek Cebrail kanalına ulaşabilmek, ona sorunlarınız konusunda çağrıda bulunmak için meditasyon ile bağlantıya geçebilirsiniz. Meditasyon uygulaması aklınızdaki diğer düşüncelerin arınmasını sağladığı için bağlantıyı daha kolay kurmanıza neden olur. Ne kadar çok yoğunlaşırsanız, bilgileri o kadar kolay alır, kanalı açar ve meleklerinize o kadar kolay ulaşırsınız.

Kendinize rahatsız edilmeyeceğiniz sessiz bir alan belirleyin. Oturma ya da bağdaş kurma pozisyonu alabilirsiniz. Şimdi başlıyoruz.

Gözlerinizi kapatın ve nefesinizi kontrol altına almaya başlayın. Üç kez nefesinizi burnunuzdan alıp, içinizden yediye kadar saydıktan sonra ağzınızdan bırakın. Bu şekilde negatif akımın sizden uzaklaştığını, arındığınızı hissetmeye çalışın.

İkinci adımda ise enerji bedeninizi hissetmeye çalışın. Enerji bedeni sizin duygu ve düşüncelerinizle oluşan bedeninizin etrafını saran ve sizden yayılan enerjilerle oluşan bedendir. Enerji bedeninizin koruma kalkanı ile sarıldığını imgelemeye başlayın. Allah'tan size koruma ışığını yansıtmasını isteyin. Bunu zihninizden dileyin ve zihin gözünüzle etrafınızı saran ışığı imgelemeye başlayın. Artık negatif etkilerden arınmış, koruma kalkanı ile sarılmış durumdasınız. Şimdi yine zihninizden, "Başmelek Cebrail, lütfen gel. Destek ol ve rehberliğinle yardımcı ol" deyin.

Başmelek Cebrail, çağrınıza yanıt verecek ve size yardımcı olmak için yanınızda olacaktır. Geldiğinde kalbiniz sevinçle dolacaktır. Bu daha önce hiç tatmadığınız bir sevinç ve huzur anıdır. Tamamen güvende olduğunuzu hissedersiniz. Başmelek Cebrail ruhunuza çok yakındır ve onun güçlü enerjisi size mutluluk olarak yansır. Şimdi zihin gözünüzle çok büyük bir ışık hayal edin. Başmelek Cebrail'den tüm korkularınızı, endişelerinizi, üzüntülerinizi, acılarınızı, mutsuzluklarınızı, sevgisizliklerinizi, size üzüntü veren her anıyı alıp, o ışığa bırakmasını isteyin. Bu ışık tüm sorunlarınızı içine alıp, boşlukta yok ediyor.

Şimdi Başmelek Cebrail'den sizi altın rengi sevgi ve mutluluk ışığıyla yıkamasını isteyin. Artık sizi üzen her şey, tüm o kötü anılar kayboldu. Işığın içinde yok oldu. Başmelek Cebrail, size sevgi enerjisiyle yükleme yapıyor. Bunun olmasına izin verin.

Başmelek Cebrail'in enerji şifalandırmasını zihin gözünüzde canlandırmaya çalışın. Enerji bedeninizin onun ışığı ile sarılıyor. Bu süreçte zihninizi her türlü düşünceden uzak tutmaya çalışın.

Tüm korku ve üzüntüleriniz geride kaldı. Artık çok hafiflemiş, huzurlu ve rahatsınız. Şimdi Başmelek Cebrail'e dileğinizi iletin ve onu zihin gözünüzde tasvir ederek, enerjisiyle bütünleştiğinizi hissedin. Bu kutsal enerjileri bir süre hissetmeye devam edin ve ona dileklerinizi söyleyin. Güven, mutluluk ve huzur içinde olduğunuzu hissetmeye devam edin. Başmelek Cebrail'in altın enerjisi artık yaşamınızın bir parçası hâline geliyor. Bu enerjinin sizi tüm negatifliklerden korumasını, enerji bedeninizde kalkan olmasını isteyin. Şimdi ona teşekkürlerinizi ve minnetinizi sunarak gözlerinizi açabilirsiniz.

Sevgili okurlarım, bu meditasyon çalışması çok güçlü bir arınma ve bağlantı çalışmasıdır. İstediğiniz sıklıkla Başmelek Cebrail meditasyonunu uygulayabilir, koruma kalkanınızı güçlendirmeye devam edebilirsiniz. Bu enerjiyi ruhsal olarak gelişmek ve yükselmek için de kullanabilirsiniz. Üçüncü gözünüzün açılmasını, hislerinizin güçlenmesini isteyebilirsiniz. Başmelek Cebrail ruhsal, fiziksel ve psikolojik anlamda size yardımcı olacaktır. Ruhsal aydınlanma ve korunma için Başmelek Cebrail ile bağlantıya geçmek için uygulayabileceğiniz bir meditasyon yöntemi daha vardır. Sevgili okurlarım bu çalışmayı sizlerle paylaşmak isterim.

Kendinize rahatsız edilmeyeceğiniz sessiz bir alan belirleyin. Oturma ya da bağdaş kurma pozisyonu alabilirsiniz. Şimdi başlıyoruz.

Gözlerinizi kapatın ve nefesinizi kontrol altına almaya başlayın. Üç kez nefesinizi burnunuzdan alıp, içinizden yediye kadar saydıktan sonra ağzınızdan bırakın. Bu şekilde negatif akımın sizden uzaklaştığını, arındığınızı hissetmeye çalışın.

Şimdi odaklanın ve aklınızdaki tüm düşüncelerden uzaklaşarak Başmelek Cebrail'e zihninizden çağrıda bulunun. Çağrınıza hemen yanıt verecektir. Başmelek

Cebrail'in zihninizde resmettiğiniz şekilde karşınızda olduğunu imgeleyin. Artık o sizinle çalışıyor.

Şimdi üçüncü gözünüze yani iki kaşınızın orta-sına odaklanın. Bu odaklanma sırasında mor ışıklar görebilme olasılığınız oldukça yüksektir. Farklı renklerde ışıklar da görebilirsiniz. Şimdi bu ışıklara yoğunlaşın ve zihninizi hiçbir düşünce ya da negatifin etkilemesine izin verme-yin. Üçüncü gözünüze yoğunlaşmanız sizin artık ruh gö-züyle görmeye başladığınız anlamına gelmektedir.

Başmelek Cebrail karşınızda duruyor ve üçüncü gö-zünüze ondan doğru altın enerji dalgaları akıyor. Bu ışı-ğın gücünü hissetmeye çalışın. Bırakın bu enerji üçüncü gözünüze doğru akmaya devam etsin.

Artık ruhsal olarak aydınlanmış olmayı dilemeye başlayabilirsiniz. Hislerinizin güçlenmesini, korkula-rınızı yenmeyi ve ruhsal olarak şifalanmayı Başmelek Cebrail'den isteyin.

Kalbinizin ruhunuzla olan bağının Başmelek Cebra-il'in altın enerji ışığıyla güçlendiğini imgeleyin. Bu ener-jinin size tüm duygularınızın, tüm sorularınızın yanıtını vereceğini hissedin. Bırakın Başmelek Cebrail sizi şifa-landırmaya devam etsin.

Başmelek Cebrail, Allah'ın yüce katından indirdiği altın rengi enerjiyi aktarmaya devam ediyor. Bundan sonra ruhsal olarak çok daha güçlü ve aydınlanmış ola-rak hissedeceksiniz. Bu aydınlanma size dileklerinizi gerçekleştirme, yaşamınıza yön verme ve çevrenizdeki olayları farklı bir gözle anlayabilme olanağı sağlayacak-tır. Şimdi Başmelek Cebrail'e minnetinizi ve teşekkürleri-nizi iletin. Sizi korumaya devam etmesini isteyin.

"Başmelek Cebrail, bana sunduğun ruhsal ve dünye-vi şifalar için kanal olup indirdiğin şifa enerjisi için sana minnetimi sunarım. Çok teşekkür ederim. Lütfen beni korumaya, benim için dua etmeye ve aydınlanmamı sağ-lamaya devam et..."

MEDİTASYON NEDEN GEREKLİDİR?

Ruhumuzun da huzura ve içsel gelişime ihtiyacı vardır.

Ruhumuz geliştikçe, içsel huzurumuz artar ve ruhsal boyut bağlantılarımız güçlenir.

Ruhumuz güçlendikçe içsel huzurumuz dinginleşir, gelişir.

Meditasyon ile doğaüstü gücümüzü çok daha fazla kullanır hâle geliriz.

Beş duyu ötesini kullanırız... Huzuru, mutluluğu, dinginliği tadarız.

Kararlarımız daha olumlu olur.

Odaklanma gücümüz artar.

Konsantrasyonumuz çok daha güçlü ve hızlı olur.

Şiddetle düşünen, huzursuz olan zihnimizi hızla sakinleştirmeyi başarırız.

Yaşamımızdaki ruhsal, zihinsel, fiziksel tüm zorlukları kolaylıkla ve sakince aşmayı başarırız.

Yeteneklerimizin potansiyellerini tam olarak kullanmaya başlarız.

Hafızamız sürekli temizlenir, berraklaşır.

Bilinçaltımız gereksiz birikimlerden arınmayı öğrenir ve kabul eder.

Huzursuz ve uykusuz geceler ruhsal bozukluğa yol açan dengesiz düşünce ve korku birikintilerinden temizlenir ve uyku kalitemiz yükselir.

Meditasyon yaptığımız gün içinde dingin, huzurlu, mutlu, düzgün karar verebilen ve hızla konulara konsantre olabilen biri hâline geliriz.

Meditasyon burada sıralayamadığım birçok faydası ile zihin, beden ve ruh üçlüsünün sihirli şifacısıdır...

BAŞMELEK CEBRAİL
(GABRİEL)
BAĞLANTILARI İLE YAŞANMIŞ MUCİZELER

Sevgili okurlarım, başmeleklerle bağlantı kuran ve şifalanan insanların sizlere yaşanmış hikâyelerini sunarak, sizlere çalışmalarınızda ışık tutabileceğime inanıyorum. Yaşanmış hikâyelere meleklere sonsuz sevgi ve minnetimi sunarak başlamak isterim. Onlar Allah'a koşulsuz, şartsız, sorgusuz hizmet etmeye, duaya ve secde etmeye devam etmektedirler. Daha önce de söz ettiğim gibi başmeleklerin Allah katından aldıkları emirleri yerine getirmelerinde onlara yardımcı olan pek çok görevli melek bulunmaktadır. Sevgili okurlarım, bu nedenle başmeleklere hizmet eden pek çok melek vardır.

Sizlerle, Başmelek Cebrail'den ruhsal aydınlanma dileyen ve her şeyin farkında olmak isteyen bir okurumun bağlantısını paylaşmak isterim.

Simge Ankara'da yaşıyor ve üniversitede okuyor. Bana gönderdiği ilk maillerde ailesi ile büyük sorunlar yaşadığından, çevresindeki insanlar yüzünden sürekli kırıldığından ve bu nedenle yaşam enerjisini neredeyse tümüyle yitirdiğinden söz ediyordu. Ona, meleklerden destek alabileceğini, Başmelek Cebrail'e çağrıda bulunabileceğini yazdım ve Başmelek Cebrail ile bağlantı kurabilmesi için bir meditasyon çalışması önerdim. Simge daha önce hiç meditasyon yapmamış ve meleklerine çağrıda bulunmamıştı. Çalışma yaptığı ilk gece bakın nasıl bir bağlantı yakaladı. Simge'nin kendi anlatımını sizlerle birebir paylaşıyorum.

"Dün gece, on beş dakikalık bir bağlantı meditasyonu yaptım. Bu kadar kısa sürmüş olmasına rağmen bağlantı sırasında gözüm kapalı olduğu sürece sürekli parlak renkli ışıklar gördüm ve içimde garip, coşku dolu bir his vardı. Sanki uzun zamandır bu bağlantıyı yapmam gerekiyormuş ve sonunda yaptığım için kendimi çok huzurlu hissediyormuşum gibiydi. Büyük bir mutluluk ve rahatlık hissi ile uykuya daldım. Normalde rüyalarım hep karanlıktır. Bir şeyler görürüm ama ne gördüğümü hatırlamam ya da gördüğüm rüyalar hep karanlık ve pusludur.

Dün gece ilk defa gerçek bir rüya gördüm ve rüyamda rengârenk yıldızlar vardı. Uzay boşluğundaydım ve renkli yıldızlar arasındaydım. İnanılmaz güzeldi ve çok mutluydum. O sırada Başmelek Cebrail'e beni duyuyorsa bana bir işaret göndermesini istedim.

Aralarında yürüdüğüm renkli yıldızlar birden aralandı ve önümde bembeyaz, sonunu göremediğim bir yol açıldı. Sanki beni bir güç o yola doğru çekiyordu. Yolda ilerlemeye başladığımda az ötemde bir masa belirdiğini gördüm. Masanın üzerinde ise çok kalın bir kitap vardı. Ben yaklaştıkça, masa da bana yaklaşıyor gibiydi.

Masanın yanına geldiğimde üzerindeki kitap açıldı ve kitabın içinden yayılan ışık, tepe çakramdan başlayarak tüm vücudumu sardı. O ışığın beni şifalandırdığını biliyordum ve bunu tüm kalbimle, ruhumla hissedebiliyordum. Bu gerçek bir bağlantıydı ve bunu ilk defa yaşamış olmama rağmen anlayabiliyordum. Sanırım farkındalığım o andan itibaren açılmıştı. Çünkü gerçekten farkındaydım. Teşekkür ederim Başmelek Cebrail, sana minnettarım..."

Simge, bu çalışmayı iki ay kadar önce yapmıştı ve şimdi meditasyon çalışmalarına devam ediyor. Sadece Başmelek Cebrail'den değil koruyucu meleğinden ve diğer meleklerden de yardım istiyor. Önceden onun için puslu olan her şey, rüyaları da dâhil olmak üzere artık bir anlam ifade ediyor. Hepsinin bir anlamı var ve herkesi tanıdığını, herkesin farkında olduğunu, onları iyi ve kötü yanlarıyla kabul ettiğini ve sevdiğini söylüyor. Böylece artık acı çekmiyor çünkü farkında ve biliyor, bu nedenle de insanları ve olayları olduğu gibi kabul ediyor. Simge, yaşadığı bu ilk bağlantının hayatının dönüm noktası olduğunu söylüyor.

Sevgili okurlarım, Başmelek Cebrail ile diğer bir bağlantı ise İtalya'dan. Bu çalışmada Başmelek Cebrail, Bayan Rosaline'e bakın nasıl mesaj ulaştırmış.

"Henüz gün doğmamıştı ve ben bir türlü uyuyamamıştım. Oğlumun durumunu düşünüyordum. O gün ameliyatı vardı ve başka bir şehirde olduğu için onu çok merak ediyordum. Tüm gece onun için dua etmiştim. Yatağımda doğrulup bir kez daha dua ettim ve duamın sonunda Başmelek Cebrail'e (Gabriel) oğlum hakkında bana bir haber getirmesini istedim. Gün doğsun diye bekliyordum ve her geçen dakika daha da sabırsızlanıyordum. Biraz aklımı dağıtabilmek için başucumdaki kitapları karıştırmaya başlamıştım. İçlerinden birini okumak uykumu getirebilir diye düşünüyordum fakat garip bir şekilde okuduklarıma yoğunlaşamıyor, hatta ne okuduğumu anlayamıyordum. Bir süre bu şekilde oyalandıktan sonra odama yansıyan küçük bir ışık olduğunu fark ettim. Tuhaftı,

Gabriel by James Powell & Sons

başucu lambam yanıyordu ve gün ağarmak üzereydi, odama yansıyan ışık küçücüktü. Bu ışık odamın kapı tarafına doğru yansıyordu ve tavandan doğru geliyor gibiydi. Heyecanlanmıştım ve merak içindeydim. Bu sırada aklımda bir ses duymaya başladım. Bu çok derinden gelen, çok hafif bir sesti. 'Sana mesaj getirdim, oğlun kurtulacak,' diyordu. O anda onun Başmelek Gabriel (Cebrail) olduğunu hissettim. Aklımda onun ismi çok güçlü bir şekilde yankılanıyordu. Sonra birden ışık kayboldu. Aynı günün akşamı oğlum aradı. Ameliyat çok iyi geçmişti ve sesi çok iyi geliyordu.

Mutluluktan bayılacak gibiydim. Zaten sabah Başmelek Gabriel (Cebrail) bana mesaj ilettiğinde onun verdiği bilgiye sonsuz derecede güvenmiştim. Oğlumun iyi olacağından hiç kuşkum yoktu. Telefonu kapattıktan sonra Başmelek Cebrail'e bana ulaştığı ve çağrılarıma yanıt verdiği için minnettarım ve çok teşekkür ederim."

Bana gelen bir mail Ankara'dan... Lütfen bunu okurlarınızla paylaşın, diye sözlerine başlıyor Funda. Başmelek Cebrail aracılığıyla benim gibi darda kalan insanların şifalanmasına biraz da olsa katkım olabilirse çok memnun olurum...

"Hayatım altüst olmuştu. Eşimden ayrılmış, işimden çıkarılmıştım. Ne yapacağımı bilmiyordum. Artık gün geçtikçe her şeyin daha kötü olacağını düşünmeye başlamıştım. Bir gün eski bir arkadaşım bana telefon etti ve dışarıda bir kafede buluştuk. Ben biraz geç kalmıştım ve o beni beklerken bir kitap çıkarmış onu okumaya başlamıştı. Bu kitap sizin kuantum kitabınızdı ama tabii o zaman sizi henüz tanımıyordum. Kitabınıza o kadar dalmıştı ki, benim geldiğimi ancak fark edebildi. Uzun süredir görüşmediğimiz için yaşamımdaki değişimlerden haberdar değildi. Ona olanları ve yaşadığım talihsizlikleri anlattığımda çok şaşırmıştı.

Bir süre bu şekilde konuştuktan sonra bana melekler ya da kuantum hakkında bilgim var mı diye sordu. Melekleri biliyordum ama elbette bunlar genel bilgilerdi. Kuantum hakkında da sadece internette birkaç bilgi okumuştum. Bu sırada o sizin kitabınızı açıp bana bazı bilgiler okumaya başladı. Sonra bana bir de melekler kitabınızdan söz etti ve meleklerle bağlantıya geçerek ve kuantumdan yardım alarak insanların yaşamlarını düzeltebileceğini anlattı. O sırada içimden bir ses onu dinlemem gerektiğini ve bana meleklerin yardım edebileceğini söylüyordu. Arkadaşımla çok keyifli zaman geçirdik. Bana tüm acılarımı ve sıkıntılarımı unutturmuştu. Onun da melek ruhlulardan olduğuna inanıyorum çünkü meleklerle bağlantıya girmem ve kitaplarınızla tanışmam konusunda bana aracı olmuştu.

Aynı gün akşam eve dönerken iki kitabınızı da aldım. Kuantumu iki günde ve meleklerle ilgili olan kitabınızı ise üç günde bitirdim. Evde olduğum ve çalışmadığım için günlerimi onları okuyarak ve not alarak geçirebilmiştim. İşte benim dönüm noktam ve değişimim, bu aydınlanma süreci olmuştu. İçimde çok farklı ve güçlü bir enerji hissediyorum. Daha önce hiç hissetmediğim kadar güçlüydü. Birkaç gün önce her şeyi bırakmış, yaşamdan vazgeçmiş olan ben, şimdi nasıl olmuştu da bu kadar güzel bir enerjiyle dolmuştum? Bu enerjinin kitaplarınız aracılığıyla bana ulaştığına inanıyordum, çünkü gerçekten de başka bir açıklaması yoktu.

İçimdeki bu yaşam enerjisi bana daha fazlasına sahip olabileceğimi ve yitirdiklerimi geri alabileceğimi söylüyordu. İçimdeki bu yaşam gücüne ve o gücün sesine güvenmeye, onu dinlemeye karar verdim. Kitapları bitirdikten sonra ikinci hafta melek çağrılarını uygulamaya başladım. Gözlerimi kapatıp yoğunlaştığım anda aklıma tek bir isim geliyordu: Başmelek Cebrail... Böylece Başmelek Cebrail'e çağrılarda bulunmaya başladım.

Melek çalışmaları üzerine çok tecrübem olmadığından sadece, yaşamımın eskisi gibi olabilmesi için çağrıda bulunuyordum. "Başmelek Cebrail, lütfen yaşamımın eskisi gibi güzel olması için bana yardımcı ol. Teşekkür ederim." Aynı cümleyi tekrar ederek her gece çağrıda bulunmaya devam ettim. Bu sırada iş başvurularında bulunmaya başladım. Aradan iki ay kadar geçtiğinde bir sabah telefonum çaldı. Beni uluslararası bir şirkete mülakat için çağırıyorlardı. Aynı gün öğleden sonra mülakata girdim ve işe alındım. İşe başladıktan bir ay kadar sonra ise eski kocam arayıp, her şey için çok üzgün olduğunu söyledi. Kocamla yeniden birlikte olmayı düşünmüyordum ama o bana yaşamımı düzenlemem için yardım edecekti. Çağrılar yapmaya başladıktan üç ay kadar sonra yaşamım eskisinden daha güzel olmuştu. Eskisine göre çok daha iyi bir işe sahip olmuştum. Eski kocam yaptığı yanlışı görmüş ve bana yardım etmeye başlamıştı. Her şeyin sona erdiğini düşündüğüm bir dönemde Başmelek Cebrail onunla bağlantıya girmemi istedi ve bana yardım etti. Siz de kitaplarınızla aradaki köprüyü kurabilmemi, melekler ve enerjiler hakkında bilgi sahibi olmamı sağladınız. Hepinize çok teşekkür ederim. "

BAŞMELEK MİKAİL
(MİCHAEL)
MUCİZELERİ

Başmelek Mikail ışığın koruyucusudur ve bu nedenle elinde kılıçla tasvir edilir. Mavi ve mor renkte enerjiler yayar. Sizinle bağlantıya geçtiğinde bu gibi renklerin etrafınıza yansıdığını fark edebilirsiniz. Işığın ve sevginin koruyucu olarak çok güçlü bir savaşçıdır. Bizlere korkudan arınmamız için yardım eder. Aile içinde huzuru sağlamamız, sevdiklerimizle mutlu ve huzurlu bir yaşam sürmemiz için yardımcı olur.

Işık işçisi meleklerin efendisidir. Ona çağrıda bulunduğunuzda siz ve bulunduğunuz alandaki negatif enerjileri arındırır. Öfkeli anlarınızda ondan yardım alarak sakinleşebilir, gergin ve negatif yüklü ortamların arınmasını sağlayabilirsiniz. Sizi mavi ve mor renklerdeki enerji dalgalarıyla korumaya alır.

Başmelek Mikail ile Başmelek Cebrail'in Allah'ın yüce makamının her iki tarafında durdukları ifade edilmiştir. İdris Peygamber'in yazmalarına göre, Başmelek Mikail yedi dağın zirvesinde, kokulu ağaçların arasında yaşamaktadır. Bu yedi dağın zirvesine hiçbir insan ruhu sorgu gününe dek ulaşamaz. Allah, cehennemin kapısının anahtarını Başmelek Mikail ve Başmelek Cebrail'e verecektir. Böylece cehennemde acı çekmiş olan kötü ruhlar Başmelek Mikail ve Başmelek Cebrail tarafından cennete taşınacaklardır.

Başmelek Mikail, Başmelek Cebrail ile birlikte anılmaktadır. İdris Peygamber'in yazmalarında her iki başmelek için "yüce prensler" denir. Başmelek Cebrail Allah'ın emirlerini yeryüzüne indirirken, Başmelek Mikail ise Allah'ın askeridir. Tevrat'ta sözü geçen ve cennet bahçesinde akan Pison Nehri'nin koruyucusu olduğu söylenir. Başmelek Cebrail'in ise yine cennet bahçesinde akan Gihon nehrini koruduğu ve buranın onun mekânı olduğu ifade edilmiştir.

İnsanların görevli melekler aracılığıyla gönderdikleri duaları, görevli meleklerin Başmelek Mikail'e ulaştırdığı söylenmektedir. Başmelek Cebrail ateşi ve altın rengi enerjiyi temsil ederken, Başmelek Mikail'in elementi sudur ve gümüşü simgeler.

Başmelek Mikail'in Merkür ve Satürn gezegenlerinin koruyucusu ve çarşamba ile cumartesi günlerinin temsilcisi olduğu ifade edilmektedir. Başmelek Cebrail, batıyı korurken, Başmelek Mikail ise güneyi korumaktadır. Ayrıca Başmelek Mikail'in güneyli rüzgârlarla estiği söylenir. Yine kutsal kitaplarda yazıldığına göre Başmelek Mikail, Musa Peygamber'in ruhunu Allah'a kendi rehberliğinde ulaştırmış ve Musa Peygamber yeryüzündeyken ona öğretmenlik etmiştir.

Kaynaklara göre Başmelek Mikail, Sina Dağı'nda Musa Peygamber'e iki masa sunmuştur. Bu masaların Başmelek Mikail kanunlarını simgelediği söylenmektedir. Başmelek Mikail, ayrıca Hz. İbrahim'e gelen üç melekten biridir. Adem'in oluşumunda ise Allah'ın önce Başmelek Cebrail'i ve ardından Baş melek Mikail'i gönderdiği ifade edilmiştir. Adem ve Havva cennetten kovulduklarında yanlarına bir önceki bölümde söz ettiğim gibi önce Başmelek Cebrail, ardındansa Başmelek Mikail gönderilmişti. Hz. Muhammed'in ölüm döşeğinde ise başucunda Başmelek Cebrail'in ve Başmelek Mikail'in dualar ettikleri belirtilmiştir.

Başmelek Mikail savaşçıdır, koruyucu ve şifacıdır. Mistisizimde isminin Sabathiel olduğu söylenir. Sadık ve vefalıdır. Sadakat ve vefayı ulaştırır. Yeşil kanatlarla, safran rengi saçlarla, milyonlarca yüz ve milyonlarca ağızla tasvir edilir. Bu milyonlarca ağız, Allah'tan günahların affı için milyonlarca kez tövbe diler. Dördüncü cennet katının koruyucusu, serafim meleklerinin efendisi olarak kabul edilir. Tövbe ve doğruluk meleğidir. Barışı korumak için o ve emrindeki melekler çalışmaktadırlar. Cenneti şeytanlardan korumakla görevlidir. Serafim meleklerinin onun günahkârlar için döktüğü gözyaşlarıyla meydana geldiği ifade edilmiştir. Sabrı, merhameti ve sevgiyi temsil eder. İmanlı ruhları cennete taşır.

BAŞMELEK MİKAİL
(MİCHAEL)
BAĞLANTILARI

Sevgili okurlarım daha önceki sayfalarda da belirttiğim gibi öncelikle dileklerinizin sizler ve sevdikleriniz için hayırlı, sevgi dolu ve iyi niyetli olmasına özen göstermelisiniz. Kötü düşünce ya da niyet içeren her türlü dileğiniz sizi yanlış kanallara yöneltebilir. Böylece melekler frekansına ulaşmakta güçlük çekersiniz.

Başmelek Mikail yardımı ile yaşamınıza barışı, huzuru ve birliği davet etmek için şimdi sizinle birlikte çalışmaya başlayalım. Öncelikle onu zihninizde çizdiğiniz bir resimle tasvir etmenizi öneriyorum. Bu resim sizin kendi duygularınıza onu nasıl görmek istediğinize bağlı olabilir çünkü bildiğiniz gibi melekler bedenli varlıklar değillerdir, ancak insanlara ulaşırken zaman zaman farklı beden ve şekillere bürünebilmektedirler.

Melekler ışık varlıklarıdır. Bu nedenle siz onları kalbinizde nasıl görüyor ve nasıl hissediyorsanız o şekilde yorumlayabilir, tasvir edebilirsiniz.

Başmelek Mikail'i safran rengi saçları ve yeşil kanatlarıyla tasvir edebilirsiniz. Korku ve negatif duygular içindeyseniz günün her saati Başmelek Mikail'den yardım isteyebilirsiniz.

Başmelek Mikail'e çağrı yaparken bulunduğunuz odada portakal kabuğu, akasya ve karanfil yakabilirsiniz. Bu karışımları özel mumluklarda yakmanızı tavsiye ederim. Çiçek kokuları odanıza yayıldıktan sonra konsantre olmanız ve onunla bağlantıya geçmeniz daha kolay olacaktır.

"Başmelek Mikail, lütfen bana koruma kalkanı ol ve sakin olmamı sağla. Lütfen beni çevremdeki negatif insanlardan koru. Sana minnetimi ve teşekkürlerimi sunuyorum."

"Başmelek Mikail, bizi kötülerden ve karanlık varlıklardan koru. Kötülüklerin bizden ve yakınlarımızdan uzak kalması için yardım et. Sana minnettarım ve teşekkür ederim."

"Başmelek Mikail, yeryüzündeki yaşamımız boyunca korunmaya en çok ihtiyacımız olan insan yaşamında bizlere yardım et. Sen Allah'ın askerisin. Allah'ın izniyle bizi de koru. Sana minnettarım ve teşekkür ederim."

Başmelek Mikail'e çağrı yaparken uygulayabileceğimiz tarih öncesine dayanan bir yöntemi sizlerle paylaşmak isterim. Bunun için ay hilal vaktindeyken, salı gecesi kırmızı bir elma ile defneyaprağını birlikte bir tavada yakmanız ve bu sırada dileğinizi Başmelek Mikail'e iletmeniz gerekiyor. Dileklerinizi önceden bir kâğıda sıralayabilir ve yanan defneyaprağı ile kırmızı elmanın küllerini bu kâğıda sararak gerçekleşene kadar yanınızda taşıyabilirsiniz. Dilekleriniz gerçek olduğunda ise evinizin kötü insanlardan ve kötülüklerden korunması için evinizin dışına serpebilirsiniz.

Ayrıca kötülüklerden korunmak için, "Sevgili Başmelek Mikail, ruhumuzu, bedenimizi kötülükten, bize kötü niyetle yaklaşanlardan koru Bizi, sevdiklerimizi, evlerimizi afetlerden, sel ve depremlerden Allah'ın izni ile bizleri koru. Sana minnettarım ve teşekkür ederim.

"Sevgili Başmelek Mikail, sen cennetin askerlerinin komutanısın. Bizi bu dünyada var olan ve kötülüğe, karanlığa hizmet edenlerden Allah'ın yardımı ile koru... Sana minnettarım ve teşekkür ederim."

"Başmelek Mikail, ruhumu koruman için önce Allah'a sonra sana emanet ediyorum. Sana minnettarım ve teşekkür ederim."

"Başmelek Mikail, aklımın, bedenimin kötülükler yolunda gitmesine engel ol. Aklımı ve bedenimi tüm kötülüklerden koruman için önce Allah'a, sonra sana emanet ediyorum. Sana minnettarım ve teşekkür ederim."

"Başmelek Mikail, bizi mor ve mavi ötesi kutsal enerji renklerinle koruma kalkanı içine al. Bu korumanın tüm dostlarıma, yakınlarıma, sevdiklerime ulaşmasını sağla. Sana minnettarım ve teşekkür ederim."

"Başmelek Mikail, sen günahkârlar için dökülen gözyaşlarınla sayısız serafim meleklerinin meydana gelmesini sağlayansın. Bizlerin günahları ve günahlarımızın affedilmesi için dua et. Sana minnettarım ve teşekkür ederim."

"Sen Allah'ın askeri, cennetin koruyucususun. Bizler için dua et. Sana minnettarım ve teşekkür ederim."

"Sen yenilmez, sen güçlüsün. Bizlere cesaretini ulaştır ve bizim de kötülüklere karşı güçlü olmamıza Allah'ın izni ile yardım et. Sana minnettarım ve teşekkür ederim."

"Sen Allah'a iman edenleri koruyansın. Sevgili Başmelek Mikail, bizleri de o iman edenlerden kabul gör ve Allah'ın izni ile bizleri de koru. Sana minnettarım ve teşekkür ederim."

"Sen yemyeşil kanatların, Allah'a tövbe eden milyonlarca ağzınla tövbekârların efendisisin. Bizleri de yürekten tövbe edenlerden, boyun eğenler hâline getir. Ruhlarımızın bu şekilde tövbekâr olmalarına yardımcı ol. Sana minnettarım ve teşekkür ederim."

"Bizleri yeşil kanatlarının arasında sakla. Sakla ki, kötü ruhlar bize ulaşamasın. Böylece saflığımızı, imanımızı Allah'ın izni ile korumaya devam edelim. Sana minnettarım ve teşekkür ederim."

"Kötüyle olan her savaşı sen kazanırsın. Sen kötülerin korkususun. Bizler için dua et. Sana minnettarım ve teşekkür ederim."

"Başmelek Mikail sen Allah'ın hikmetisin. Bizler için, günahlarımızın affedilmesi için dua et. Sana minnettarım ve teşekkür ederim."

BAŞMELEK MİKAİL
(MİCHAEL)
BAĞLANTI
MEDİTASYONLARI

Sevgili okurlarım, Başmelek Mikail yukarıdaki açıklamalarda da gördüğünüz gibi saflığın, arınma ve tövbenin simgesidir. Kötü ruhlar için gözyaşı döker, onlar için af diler. Tövbe eden milyonlarca ağza sahiptir. Bu bölümde sizlere ruhunuzun arınması, saflaşması için özel bir arınma meditasyon yöntemi sunacağım.

Kendinize rahatsız edilmeyeceğiniz sessiz bir alan belirleyin. Oturma ya da bağdaş kurma pozisyonu alabilirsiniz. Şimdi başlıyoruz.

Gözlerinizi kapatın ve nefesinizi kontrol altına almaya başlayın. Üç kez nefesinizi burnunuzdan alıp, içinizden yediye kadar saydıktan sonra ağzınızdan bırakın. Bu şekilde negatif akımın sizden uzaklaştığını, arındığınızı hissetmeye çalışın.

İkinci adımda ise enerji bedeninizi hissetmeye çalışın ve enerji bedeninizin koruma kalkanı ile sarıldığını imgelemeye başlayın. Allah'tan size koruma ışığını yansıtmasını isteyin. Bunu zihninizden dileyin ve zihin gözünüzle etrafınızı saran ışığı imgelemeye başlayın. Bu ışık size başınızın üzerinden doğru evrenden yansıyor. Işığı zihninizle görmeye başlayın.

Artık sizi saran negatif düşüncelerden ve etkilerden uzaklaştınız. Allah'ın koruma ışığı ise size kalkan oluyor. Böylece arınma çalışmanız süresince hiçbir negatif etki size zarar veremeyecek.

Şimdi Başmelek Mikail'e yoğunlaşmaya başlayın. Onunla bağlantı kurmaya, onu aklınızda resmederek başlayabilirsiniz. Yeşil kanatları ve elinde kılıcıyla, onu çok güçlü bir görünümle imgeleyebilirsiniz.

Başmelek Mikail'in taşıdığı kılıç, size fiziksel, ruhsal ve psikolojik olarak güç verecektir. Başmelek Mikail'in yemyeşil kanatlarıyla size doğru eğildiğini ve elindeki ruhani kılıcı başınıza doğru uzattığını imgeleyin. Bu ruhani kılıçtan size akan saf enerjiyi görün ve hissedin.

Bu enerji önce başınıza, sonra vücudunuza doğru yayılmaya başlıyor. Vücudunuza şifa veriyor. Hasta olan bir bölgeniz varsa o bölgenin Başmelek Mikail'in ruhani kılıcından yayılan güçlü ışıkla sarıldığını hissedin. Bu ışık tüm bedeninize yayılıyor. Işığın bu şekilde tüm bedeninizi ve iç organlarınızı dolaştığını hissedin.

Bunu dakikalarca hissetmeye çalışın. Bırakın bu ışık her yerinizi sarsın. Aldığınız her nefeste Başmelek Mikail'in ışığıyla şifalandığınızı, güçlendiğinizi, cesaretlendiğinizi ve korunduğunuzu hissetmeye devam edin. Şimdi Başmelek Mikail'in ruhani kılıcından yayılan ışık, tüm enerji bedeninizi kaplıyor. Vücudunuzun etrafında enerji bedeninize yayılıyor ve çevrenizdeki negatifliklerin, kötü insan kötü düşüncelerin size ulaşmasına engel olmak üzere size kalkan olmaya başlıyor. İlk aşamada uzaklaştırdığınız tüm negatif düşünceler sizden kopmuş ve ayrılmıştı. Şimdi Başmelek Mikail'in yardımı ile artık size hiçbir kötü düşünce ve kötü niyet yaklaşamayacak. Bu enerjinin sizi tüm negatifliklerden korumasını, enerji bedeninizde kalkan olmaya devam etmesini isteyin. Şimdi ona teşekkürlerinizi ve minnetinizi sunarak gözlerinizi açabilirsiniz.

Sevgili okurlarım, bu meditasyon çalışmasının ardından çok kısa süre içinde yaşamınızın nasıl olumlu şekilde değişmeye başladığını fark edeceksiniz. Başmelek Mikail'in enerji koruması altına girmiş olmanız sizi ve aynı zamanda yakınlarınızı, evinizi de olumlu şekilde etkilemeye başlayacaktır. Artık sizi negatif etkileriyle engelleyen, yaşamınızı tıkayan, ruhsal olarak sizi olumsuz etkileyen her şey sizden uzakta kaldı ve Başmelek Mikail size güçlüler güçlüsü ruhani kılıcıyla enerji aktarımında bulunarak kötü her türlü gücün size ulaşmasını engelledi. Aldığınız bu güçlü enerjiler zaman zaman bazılarınızda ağlamayla ile negatiflerin atılmasına neden olabilir. Ağlamanız, şifalandığınız anlamına gelmektedir. Yani bir anlamda siz Başmelek Mikail'den aldığınız güçlü koruma, cesaret ve pozitif enerjilerle donanıyor, kalan her nagatif parçayı ise gözyaşlarınızla döküyorsunuz demektir.

Başmelek Mikail'den söz etmeye başladığım ilk satırlardan itibaren onun Allah yolunda milyonlarca ağzı ile tövbe ettiğinden söz etmiştim. O hâlde Başmelek Mikail size tövbe kanalı olabilir. Allah'a tövbe ederken, af dilerken onun da desteğini isteyebilirsiniz.

Başmelek Mikail ile çalışabileceğiniz ve arınabileceğiniz diğer bir meditasyon yöntemi ise size negatif etki veren insanlardan ve size aşırı düşkünlükle bağlı olan insanların size olan etkilerinden arınmaktır. Bu bağlar eterik bağlardır. Bizler duygusal anlamda yakınlığımız olan insanlarla enerji bağları kurarız.

Bu enerji bağları yani diğer bir deyişle eterik bağlar eğer olumsuz ise sizi gün geçtikçe aşağı çekmekte, enerjinizi düşürmektedir. Negatif etki sağlayan eterik bağlar sizi aşağı çekmekle kalmaz, iş yaşamınızı, özel yaşamınızı, aşk ve evlilik ilişkilerinizi olumsuz şekilde etkilemeye devam eder. Bu tür negatif bağlar

çoğunlukla sizi mutsuz eden, üzen, kalbinizi kıran insanlar aracılığıyla size uzanmaktadır. Size acı vermiş, hayal kırıklığına uğratmış insanlarla uzun zamandır görüşmüyor bile olsanız bu enerji bağları var olmaya devam eder. Hatırladığınız her kötü anıyla birlikte daha da güçlenerek yaşamınızda sizi olumsuz yönde etkilemeye devam eder.

Manevi olarak kendinizi yeterince güçlü hissetmiyorsanız size en yakın olan insanlara bağlanmaya başlarsınız. Gün geçtikçe onu kaybetme korkusu ile bu enerji bağı daha da güçlenir. İşte bu da çok olumsuz bir etkidir. Siz bu bağı keserek kalbinizdeki korkuların, endişelerin ve üzüntülerin etkilerini kesmiş olursunuz. Üstelik kendinizle birlikte bu bağı kurduğunuz kişiyi de özgür bırakarak ilişkinizi kötü etkilemez, tam tersine ilişkinizi çok daha güçlü hâle getirirsiniz.

Artık o kişiye korku, endişe bağlarıyla bağlı olmazsınız. Onun yerine sevgi enerjileriyle bağlanırsınız. Yaşamlarımızda anlam veremediğimiz negatif etkilerin pek çoğu ne yazık ki çevremizdeki insanlarla, hatta objelerle kurduğumuz negatif bağlardan kaynaklanmaktadır. İnsanlar et ve kemikten olsalar da bu et ve kemikten bağımsız olan, duygularla şekillenen bir de enerji bedenine sahiptirler.

Sevgili okurlarım, enerji bedeninizi özgür bırakmak için kurduğunuz negatif bağlardan kurtulmanız gerekiyor. Eminim bazılarınız kimlerle bu tür negatif enerji bağları kurduğunuzun farkında değilsinizdir. Bu oldukça normaldir, çünkü iş ve özel yaşamımızda pek çok kişiyle bir biçimde bağ kuruyoruz. Dostlarınızla, aileniz ve eşinizle aranızda çok güçlü enerji bağları vardır. Saplantı derecesinde bağlı olmak ise her iki taraf için negatif etki anlamına gelmektedir. Üstelik bu enerji bağlarının negatif etkileri sizi zaman içinde ruhsal ve fiziksel olarak hasta edebilir.

Önce Allah'a sonra meleklerimize sığınarak, onlardan yardım alarak bu bağları koparabilir; yakınlarımızla çok daha pozitif ve çok daha güzel ilişkiler kurabiliriz. Başmelek Mikail'den bu bağları koparmak için yardım almak çok özel ve etkili bir çalışmadır.

Şimdi birlikte meditasyon çalışmasını uygulamaya başlayalım. Bu çalışmayı belirlediğiniz gecelerde sadece on dakikanızı ayırarak uygulayabilirsiniz.

1. Lütfen melek bağlantıları için kendinize sakin ve sessiz bir ortam belirleyin. Burası sizin için özel olsun. Mümkünse bilgisayar ve cep telefonundan uzakta olun. Oturun ya da bağdaş kurun ve gözlerinizi kapatın.

2. "Başmelek Mikail, lütfen bana gel ve enerji bedenimde bulunan tüm negatif enerji kordonlarının kesilmesi için bana yardım et. Korku ve endişe nedeniyle oluşan her enerji bağının kopması için bana yardım et" diyerek çağrıda bulunduktan sonra beklemeye devam edin.

3. Şimdi bir önceki meditasyon yönteminde olduğu gibi Başmelek Mikail'i zihninizde resmetmeye başlayın. Yeşil kanatları ve elinde ruhani güç kılıcıyla karşınızda olduğunu imgeleyin. Ondan yayılan güçlü enerjiyi hissetmeye ve özümsemeye devam edin.

4. Başmelek Mikail'den ruhani kılıcıyla sahip olduğunuz negatif kordonları kesmesini isteyin. Tüm

kordonların kesildiğini imgelemeye devam edin. Kesilen her negatif enerji bağı ile pozitif dengeniz yeniden kuruluyor ve arınıyorsunuz. Başmelek Mikail'in yardımıyla ışık saçmaya başlıyorsunuz.

5. Negatif bağlar kesiliyor ve yok oluyorlar. Böylece siz geçen her saniyede daha fazla şifalanıyorsunuz. Artık çevrenizle olan ilişkileriniz düzelecek. Ruhsal ve duygusal olarak kendiniz çok iyi hissetmeye başladığınızı fark edebilirsiniz.

6. "Başmelek Mikail, beni negatif enerji bağlarımdan arındır ve onların yerine bana Allah'ın saf sevgi ışığının yansıması için yardım et. Sana minnettarım ve çok teşekkür ederim..."

BAŞMELEK MİKAİL
(MİCHAEL)
BAĞLANTILARI İLE YAŞANMIŞ MUCİZELER

Sevgili okurlarım, başmeleklerle bağlantı kuran ve şifalanan insanların sizlere yaşanmış hikâyelerini sunmak isterim. Bu şekilde size çalışmalarınızda ışık tutabileceğime inanıyorum. Yaşanmış hikâyelere meleklere sonsuz sevgi ve minnetimi sunarak başlamak isterim. Onlar Allah'a koşulsuz, şartsız, sorgusuz hizmet etmeye, dua ve secde etmeye devam etmektedirler.

Daha önce de söz ettiğim gibi başmeleklerin Allah katından aldıkları emirleri yerine getirmelerinde onlara yardımcı olan pek çok görevli melek bulunmaktadır. Sevgili okurlarım, bu nedenle başmeleklere hizmet eden pek çok çalışan melekler vardır.

Şimdi sizlere çok yakın bir arkadaşımın yaşadığı Başmelek Mikail mucizesini sunmak isterim. Bu yaşanmış mucize Fransa'dan ve tam bir korkuların şifalanma mucizesidir. Gabriele, benim çok eski bir arkadaşımdır. Gabriele yarı İtalyandır ve Fransa'da bir kitapçı dükkânı işletiyor. Çevresinde her zaman güler yüzlü, sevecen ve kültürlü biri olarak bilinirdi. Türkiye'ye tatil yapmak için geldiği dönemde tesadüfen tanıştık ve mailleşmeyi, telefonla görüşmeyi hiç bırakmadık.

Bir gece Gabriele'yi rüyamda görmüştüm, yüzünde büyük bir acı ve mutsuzlukla bana doğru elini uzatmış, yardım istiyordu. Bu rüya hoşuma gitmemişti ve içimden bir ses yolunda gitmeyen bir şeylerin olduğunu söylüyordu. Sabah olduğunda hemen Gabriele'yi aradım. Ona rüyamdan söz etmeliydim ama telefonu kapalıydı. Benim onu aradığımı görünce mutlaka bana geri dönüş yapacağını bildiğim için beklemeye karar verdim ve yaklaşık üç saat sonra Gabriele beni aradı. Sesi çok kötüydü. Ona ne olduğunu sormaya korkuyordum. Bu nedenle önce hemen rüyamdan söz ettim ve dün gece onu benden nasıl yardım isterken gördüğümü söyledim.

"Çok doğru görmüşsün" dedi. "Dün gece başıma çok kötü bir şey geldi. Evime giden caddede yürüyordum ve bir grup genç adamın tartıştıklarını gördüm. Yolun diğer tarafına geçmek istemedim, yanlarından geçip giderim diye düşündüm ama yanlarından geçerken, adamlardan biri elindeki anahtarlığı karşısındaki adama doğru atarken, adam yana kaçınca demir anahtarlık gözüme isabet etti. Gözümün durumu çok kötü ve alnıma dikiş atıldı."

Gabriele'ye bunları anlatırken boğazım düğümlenmişti. Benden çok uzaktaydı ve ona dualarımı, enerjilerimi göndermekten başka bir şey yapamıyordum. Sık sık telefonla görüşüyorduk ve her konuşmamızda ona meleklerinden yardım almayı unutmamasını söylüyordum. Aradan iki ay geçmişti ve Gabriele'nin gözü iyi durumdaydı, fakat ruhsal olarak aldığı hasar iyileşmesini güçleştiriyordu. Yaşadığı bu talihsiz olay yüzünden hava karardığı zaman sokağa çıkmamaya ve dükkânını erkenden kapatmaya başlamıştı.

Korkularının geçeceğinden emindim ama bunun için yardım alması gerekiyordu. Böylece Gabriele'ye

Başmelek Mikail'den yardım alabileceğini söyledim. Ona her gece yatmadan önce korkularından arınmak için çağrı yapmasını, böylece şifalanacağını söyledim. Gabriele zaten meleklerle çalışan ve onlara büyük güven duyan biriydi. Bu nedenle hemen çağrılarına başladı. Sekizinci gecenin sonunda rüyasında küçük bir ışık gördüğünü ve o ışığa yaklaştıkça ışığın büyümeye, çok büyük kanatlara dönüşmeye başladığını gördü. Bu rüya Gabriele'nin şifalanma sürecinin başladığını gösteriyordu. Sonraki geceler pek çok kez aynı ışığı görmeye devam etti. Şimdi bu olayın üzerinden bir yıldan fazla bir süre geçti ve Gabriele'nin gözünde hâlen küçük bir hasar kalmış olmasına rağmen korkuları şifalandı. Artık geceleri dışarı çıkabiliyor ve dükkânını hava karardıktan sonra da açık tutabiliyor. Başmelek Mikail, rüya kanalıyla ve ışığıyla ona cesaretini aktardı ve onu şifalandırdı. Teşekkürler Başmelek Mikail...

BAŞMELEK İSRAFİL
(RAPHAEL)
MUCİZELERİ

Başmelek İsrafil şifa meleğidir. Allah'ın şifasını yeryüzüne taşır. Başmelek İsrafil'in enerjisinin rengi, şifa rengi olan zümrüt yeşilidir. Şifa meleği Baş melek İsrafil'in sayısız mucizeleri vardır. Hastaların şifalanmasını sağlarken, bu şifalanma sırasında streslerini alarak da onlara destek olur.

Sizlere ilerleyen sayfalarda Başmelek İsrafil'in mucizelerinden söz edeceğim. Bu konuda pek çok yaşanmış hikâye vardır. Şifa meleği İsrafil, ya bir doktorun eli aracılığıyla ya da bir bitkideki eşsiz sevgi enerjisiyle hastalara ulaşabilmektedir. Onu çağırdığınızda ve yardım istediğinizde Allah'ın izni ile size nasıl yanıt vereceğini göreceksiniz. Unutmayın, Allah'tan izinsiz yaprak dahi kıpırdamaz...

Bazı durugörürler, aura okuyucular ya da hipnoz altındaki kişiler rahatlıkla onun zümrüt yeşili şifa enerjisini görebilirler. Birçok şifacı, birçok doktor hastalarına inanılmaz güzellikte zümrüt yeşili renginde ve tonlarında olan enerjinin hasta olan bölgeye aktığını söylerler. Bunun nedeni Başmelek İsrafil'in şifa enerjisini hastalarına aktarıyor olmalarıdır.

Psişik yeteneği olmayan kişiler bile bu enerjiyi hastanelerde ya da ağır hastaların etrafında görebilmektedirler. Sizlere bu kitabımda ve yazacağım diğer kitaplarda şifa yeteneklerinizi geliştirmeniz ve bu yetenekleri kullanabilmeniz için yardımcı olmaya çalışacağım.

Aslında her insan doğuştan pek çok farklı psişik yeteneğe sahiptir. Bu yetenekleri kullanmayı öğrenmek ve bilmek konusunda hevesli olmak yeterlidir.

Yazdığım kitapları okuyan okurlarımdan, kitapları okurken ya da okuduktan sonra birçok ilginç olaylar ve yaşadıklarıyla ilgili mailler alıyorum. İyileştirici enerjilerinin olduğunu fark ettiklerinden ve bunları uygulayabildiklerinden söz ediyorlar. Ayrıca yaşamlarında inanılmaz değişiklerden söz ediyorlar. Yaşanan mucizelerden, insanların yaşamlarında şifalandırdıkları sorunlardan size ilerleyen sayfalarda her fırsatta söz etmeye çalışacağım.

Bu mucizeler nasıl mı gerçekleşiyor? Enerji... Sevgili okurlarım, sahip olduğunuz size Allah tarafından hediye edilmiş olan enerjiyi doğru kullandığınız zaman bakın yaşamınız nasıl mucizelerle doluveriyor.

Güzellikler etrafınızı sarıyor ve bu mucizelere ulaşabilmeniz için melekleriniz size yardımcı oluyorlar.

Meleklerle çalışan okurlarım yaşamlarında artık farkındalık sahibi olmaya başladıklarından söz ediyorlar. Bugüne kadar fark edemedikleri birçok olayın ya da kişilerin gerçeğini görebildiklerinden bahsediyorlar.

Sevgili okurlarım lütfen unutmayın, farkındalık bir anahtardır. Bu sözü sizlerle bu kitabımda olduğu gibi diğer kitaplarımda da her fırsatta paylaştım.

Farkındalık anahtarı elimizdeyse yaşamımızda da çözümsüz hiçbir şey kalmamış demektir. Ben de artık okurlarımın farkındalık anahtarına sahip olmaya başladıklarını fark ettim. Hepsi de meleklerin yardımıyla mucizevî olaylar yaşamaya başladılar. Sevgili okurlarım şifalanmak, mucizeler yaşamak ya da farkındalığın artışı, bu kitapların tamamen sevgi dolu ve melek enerjileriyle yazılmış olmasından dolayıdır.

Meleklerimiz bizlere bazen yazılan kitaplar, bazen bir ressamın yaptığı resim, bazen de yıldızlar çakan sevgi dolu bir dostun gözlerinizin içine bakan gözlerinde ya da sevgi enerjisi yüksek olan alanlarda ulaşırlar.

Sevgili okurlarım, içimizdeki güçlü enerjiyi sevgiye dönüştürerek yayalım. Sevdiklerimize, doğaya, hayvanlara, dünyamıza ve evrene sadece müthiş sevgi enerjisi yollayalım. Bunu lütfen siz de deneyin. Sevgi ve şifa enerjinizi yolladıktan sonra karşılığında alacağınız ödüle bir bakın ve benimle paylaşın. Paylaşımlarınızı bekliyorum...

Dünyamızı yüksek enerji boyutlarına taşımak elimizde. Hak ettiğimize ulaşmanın zamanı artık geldi. Bunun için ve kendi yaşamlarınız yüksek enerji boyutlarına taşıyabilmeniz için, melekleriniz aracılığıyla çalışabileceğiniz pek çok yöntemi sizlerle diğer kitaplarımda olduğu gibi bu kitabımda da paylaşmaya çalışacağım.

Başmelek İsrafil de yardım alabileceğimiz başmelekler arasındadır. Önce onu sizlere tanıtmak ve insanlık tarihindeki önemini sizlerle paylaşmak isterim. Başmelek İsrafil (Raphael), sur borusu ile ifade edilmiştir. Kıyamet günü geldiğinde ise sur borusunu üfleyecektir. O sur borusuna üflediğinde göklerde ve yerde olanların hepsi düşüp ölürler. Bunun ardından ise Başmelek İsrafil, sur borusuna bir kez daha üflediğinde yerde olanlar ayağa kalkıp birbirlerine bakmaya başlarlar. Başmelek İsrafil'in sur borusunu ilk üflemesi ile yaşam tümüyle sona erecektir. İkinci üfleme ise öteki dünyadaki yaşamı ifade etmektedir. İkinci üfleme sonunda öbür dünya, yani ahiret yaşamı başlayacaktır.

Öyle ki melekler sisteminin yüce meleklerinden, başmeleklerinden olan İsrafil, elinde bir tür boynuza benzeyen sur ile Allah'ın emrini hazır beklemektedir. Başmelek İsrafil'in, sur borusunu ilk üfleyişi ile ikinci üfleyişi arasında kırk vakit olduğu ifade edilmektedir. Ancak bu kırk vaktin hangi zaman birimi ile ölçüleceği belirsizdir. Ayrıca Allah'ın sur borusunu kristale benzeyen bir inciden yarattığı da İslam hadislerinde geçmektedir. Allah, sur borusunu arşa astı ve ardından Başmelek İsrafil'i yarattı. Başmelek İsrafil sur borusunu arşta asılı olduğu yerden aldı ve üzerine her bir yaratılmış ruh için bir delik açtı diye ifade edilmektedir.

Sur borusu ile tasvir edilen Başmelek İsrafil şifadır, şifacıdır... Yaraları iyileştirir, temizler, şifalandırır. Gömüt mezarlarda ve yapılan arkeolojik araştırmalarda ulaşılan melek tabletlerinde Başmelek Cebrail, Başmelek Mikail ve Başmelek İsrafil'in isimlerine sıklıkla rastlanmıştır. Eski çağlarda Başmelek İsrafil'in şifacı gücünden dolayı hastaların boyunlarına onun ismine yazılmış dualar asılarak şifa istendiği söylenir.

İdris Peygamber'in yazmalarına göre, Başmelek İsrafil düşmüş melek olan Azazel'i Mısır'ın ötesinde, çölde ve Allah'tan aldığı emirlerle bir daha ışığı göremeyeceği şekilde kumlar altında karanlığa hapsetmiştir. Yine İdris Peygamber'in yazmalarına göre kıyamet günü Azazel'in ateşe atılacağı ifade edilmiştir.

Başmelek İsrafil'in efsanelere göre körleri iyileştirdiği ve kötü ruhları iyilerden uzak tuttuğu, onları koruduğu söylenir. Ofanim meleklerinin efendisidir. Ofanim meleklerinden Ölü Deniz ve İdris Peygamber'in yazmalarında Allah'ın tahtını taşıyan melekler olarak söz edilmiştir. Ofanim melekleri, serafim melekleriyle birlikte Allah'ın tahtını hiç ara vermeden korumaya devam ettiklerinden söz edilmektedir.

Başmelek İsrafil'in şifa veren ruhani elinin Allah tarafından şifalı merhemlerle bezendiği ifade edilmiştir.

BAŞMELEK İSRAFİL
(RAPHAEL)
BAĞLANTILARI

Başmelek İsrafil'den kendiniz ve yakınlarınız için şifa isteyebilirsiniz. Kaza, koma ve ameliyat zamanlarında Başmelek İsrafil'e meditasyon ya da çağrı yöntemleriyle ulaşabilirsiniz. Ona çağrıda bulunduğunuzda sizin ya da yardım istediğiniz kişinin etrafını ve bulunduğu alanı yeşil şifa enerjisi ışığıyla sarar. Şifa enerjisi çok güçlü olduğundan ondan yardım istediğinizde bu enerjinin içinizi nasıl sardığını kolaylıkla hissedebilirsiniz. Bağlantı deneyimleri kuran pek çok insan, meleklere çağrı yaptıklarında hafif esintiler hissettiklerini ve kokular aldıklarını söylemektedirler. Bu nedenle siz de tam trans hâline girdiğinizde kolaylıkla açılan bağlantı kanalından gelen koku ve esintilerin farkına varabilirsiniz.

Ayrıca Başmelek İsrafil'den yolculuklarınızda, kaybolduğunuz zamanlarda yardım alabilirsiniz. Size yollarınızda ışık olacak, sizi koruyacaktır. Başmelek İsrafil'den yaşadığınız ani üzüntülerde size destek olmasını isteyebilirsiniz. Evliliklerinde sorunlar yaşayan okurlarım, Başmelek İsrafil'den yardım alabilirsiniz.

Başmelek İsrafil'e çağrı yaparken bulunduğunuz odada mine çiçeği, papatya ve nergis yakabilirsiniz. Bu karışımları özel mumluklarda yakmanızı tavsiye ederim. Çiçek kokuları odanıza yayıldıktan sonra konsantre olmanız ve onunla bağlantıya geçmeniz daha kolay olacaktır.

"Başmelek İsrafil, lütfen bana yardım et. Üzüntüm çok büyük ve derin. Bana bu üzüntüden arınmam için Allah'ın izni ile destek ol. Sana minnettarım ve teşekkür ederim."

"Başmelek İsrafil, evliliğimin üzerindeki tüm olumsuzlukların kaybolması, şifalanması ve sevgi dolması için Allah'ın izni ile bana yardım et. Sana minnettarım ve teşekkür ederim."

"Başmelek İsrafil, çıkacağım uçak yolculuğunda bana yardım et, beni koru... Başıma kötü bir şey gelmeden, gideceğim yere ulaşabilmem için Allah'ın izni ile bana yardım et. Sana minnettarım ve teşekkür ederim."

Sevgili okurlarım şimdi sizlere Başmelek İsrafil'e ulaşıp şifa isteyebileceğiniz tarih öncesi bilgilere dayanan bir çalışma sunmak istiyorum.

Bunun için gece çalışmanızı öneriyorum. Öncelikle rahatsız edilmeyeceğiniz bir odada olmanız ve bir sehpa ya da masa üzerinde çalışmanız gerekmektedir. Masanın ortasına mümkünse yeşil renkte fakat eğer

yoksa beyaz renkte bir mum yakın ve önüne Başmelek İsrafil diye yazdığınız bir kâğıdı ya da onun tasvir resmini veya madalyonunu koyun. Işıkları söndürün ve Başmelek İsrafil'e size şifa getirmesi için çağrıda bulunun.

1. "Başmelek İsrafil, sen şifa meleğisin, lütfen bana yardım et" dedikten sonra gözlerinizi kapatın ve birkaç dakika beklemede kaldıktan sonra çalışmanıza devam edin.

2. "Seni seviyorum ve sana minnet duyuyorum. Allah'ın izni ile bana şifa enerjini ulaştır."

3. "Hastalığımın şifalanması ve tamamen yok olması için Allah'ın izni ile bana yardım et."

Yapacağınız bu üç ayrı çağrıdan sonra bırakın mum yanmaya devam etsin ve siz Başmelek İsrafil'i etrafını saran yeşil şifa enerjileriyle imgelemeye başlayın. Yanınızda olduğunu ve size yeşil şifa enerjisini ulaştırdığını imgeleyin. O gece mum kendiliğinden sönene kadar yanmaya devam etsin ve siz çalışmanız bittiğinde lütfen Başmelek İsrafil'e ve tüm çalışan meleklerine minnetinizi ileterek onlara teşekkür edin...

Başmelek İsrafil'e çağrıda bulunmak için buna benzer bir çalışma daha uygulayabilirsiniz. Bunun için yine bir önceki çalışmada olduğu gibi yeşil veya beyaz bir muma, sessiz ve sakin, yalnız kalabileceğiniz bir odaya, bir de masaya ihtiyacınız olacak. Birkaç sayfa temiz kâğıt ve mümkünse yeşil ya da yoksa siyah renkte bir kalem kullanarak sizinle birlikte Başmelek İsrafil'e olan minnet ve isteklerinizi yazmanız gerekiyor.

"Başmelek İsrafil, sen Allah'ın biz kullarına, Allah'ın yüce katından şifa getirensin. Sana sevgi ve minnetimi sunarım. Hastalığım için (Burada hasta olan bölgenizi ve hastalığınız ismini yazabilirsiniz) bana şifa ol. Şifa enerjinin bu gece bana ulaşmasını ve beni iyileştirmesini sağla. Sen şifa meleğisin. Lütfen bana yardım et.

Başmelek İsrafil, seni bembeyaz kanatlarınla görüyorum. Etrafındaki yemyeşil şifa enerjisini görüyorum. Bu enerjinin Allah'ın izni ile bana akmasını sağla. Hasta olan .... (Burada yakınlarınız için şifa isteyebilirsiniz. Bu nedenle lütfen ismini yazın) yakınım için de şifa ol. Ona yardım et ve şifa enerjinle iyileşmesini sağla.

Seni seviyor, sana büyük minnet duyuyor ve teşekkür ediyorum."

.... (Lütten mektubun sonuna isminizi yazın.)

Şimdi sizlerle Başmelek İsrafil'e çağrı yapabileceğiniz farklı yöntemleri paylaşmak isterim.

"Başmelek İsrafil, sen şifa meleğisin. Sen Allah katından şifa indirensin. Hastalıklarımı al ve vücudumdaki yaraların, yanıkların, acıların iyileşmesi için Allah'ın izni ile bana yardım et. Sana minnettarım ve teşekkür ederim."

"Başmelek İsrafil, yolculuğum boyunca kötü insanlardan korunmam için Allah'ın izni ile bana yardım et. Sana minnettarım ve teşekkür ederim"

"Başmelek İsrafil, biz çaresiz ve zayıfların Allah katında affedilmesi için dualarını esirgeme. Sana minnettarım ve teşekkür ederim."

"Başmelek İsrafil, hasta olan yakınlarımızın senin yüce şifa enerjinle iyileşmeleri için onlara yardım et. Allah'ın izni ile bizim de onların da hastalıklarına şifa ol. Sana minnettarım ve teşekkür ederim."

"Başmelek İsrafil, sen Allah'ın şifacı meleğisin. Dualarını üzerimizden eksik etme. Sana minnettarım ve teşekkür ederim."

"Başmelek İsrafil, sen Allah'ın katındansın. Bizler için af dile, bizler için dua et. Sana minnettarım ve teşekkür ederim."

BAŞMELEK İSRAFİL
(RAPHAEL)
BAĞLANTI MEDİTASYONLARI

Başmelek İsrafil şifasına meditasyon yaparak ulaşabilir, bu şifayı kendiniz ve yakınlarınız için isteyebilirsiniz.

Kendinize rahatsız edilmeyeceğiniz sessiz bir alan belirleyin. Oturma ya da bağdaş kurma pozisyonu alabilirsiniz. Şimdi başlıyoruz.

1. Gözlerinizi kapatın ve nefesinizi kontrol altına almaya başlayın. Üç kez nefesinizi burnunuzdan alıp, içinizden yediye kadar saydıktan sonra ağzınızdan bırakın. Bu şekilde negatif akımın sizden uzaklaştığını, arındığınızı hissetmeye çalışın.

2. İkinci adımda ise enerji bedeninizi hissetmeye çalışın ve enerji bedeninizin koruma kalkanı ile sarıldığını imgelemeye başlayın. Allah'tan size koruma ışı-

ğını yansıtmasını isteyin. Bunu zihninizden dileyin ve zihin gözünüzle etrafınızı saran ışığı imgelemeye başlayın. Bu ışık size başınızın üzerinden doğru evrenden yansıyor. Işığı zihninizle görmeye başlayın.

3. Artık sizi saran negatif düşüncelerden ve etkilerden uzaklaştınız. Allah'ın koruma ışığı ise size kalkan oluyor. Böylece arınma çalışmanız süresince hiçbir negatif etki size zarar veremeyecek.

4. Şimdi Başmelek İsrafil'e yoğunlaşmaya başlayın. Onunla bağlantı kurmaya onu aklınızda resmederek başlayabilirsiniz. Başmelek İsrafil'i yeşil şifa enerjileriyle yansırken, beyaz kanatlarıyla imgeleyebilirsiniz.

5. Artık Başmelek İsrafil'e çağrıda bulunabilirsiniz. "Başmelek İsrafil, lütfen bize gel ve bize Allah'ın şifasının ulaşması için yardım et." Bu çağrıyı zihninizden ya da konuşarak yapabilirsiniz.

6. Şimdi lütfen ellerinizi ağrıyan yerinize koyun ve "Başmelek İsrafil ağrıyan mideme (burada ağrıyan bölgenizi söyleyebilirsiniz) enerjinle şifa ver. Sana minnettarım ve teşekkür ederim" deyin.

7. Başmelek İsrafil'in karşınızda olduğunu ve sizin ağrıyan bölgenize ya da bölgelerinize yeşil şifa ışığını yansıttığını imgeleyin. Bırakın bu ışık sizi şifalandırsın. Lütfen bir süre bekleyin ve çalışmanın sürmesine izin verin. Ağrıyan bölgenizde duran eliniz enerjiyi hissetmeye ve yanmaya başlayacaktır. Çalışmanın süresi sizin hastalığınızın durumuna bağlı olarak farklılık gösterebilir. En yüce doktorun, en yüce şifacının ellerinde olduğunuzu lütfen unutmayın. Bu meditasyon çalışmasını yaptıktan sonra durumunuzda düzelme olduğunu fark edeceksiniz. Çalışmanın sonunda lütfen Başmelek İsrafil'e olan minnetinizi ifade edin. "Başmelek İsrafil, sana minnettarım ve teşekkür ederim."

Ayrıca Başmelek İsrafil aracılığıyla kanal görevi görerek yakınlarınıza şifa ulaştırmanız da mümkündür. Çevrenizde hasta olan yakınlarınız varsa, şimdi onlara yardım etme fırsatınız var. Eğer  inancınız tamsa bunu yapabilirsiniz. Sakın endişe etmeyin, çünkü Başmelek İsrafil size yardım edecek. Önce Allah'a sonra Başmelek İsrafil'e olan sevginizi ifade ederek duanızı yaparak çalışmaya başlamanızı tavsiye ederim.

1. "Başmelek İsrafil, senin yardımınla kanal olmama ve hastama şifa ulaştırmama yardım et. Sana minnettarım ve çok teşekkür ederim" diyebilirsiniz. Sonra hastanızı bir sandalye ile önünüze oturtun ve siz ayakta kalın. İşte başlıyoruz...

2. Şimdi lütfen ellerinizi hastanızın başının üzerine koyun. Gözlerinizi kapatın ve yoğunlaşmaya başlayın. Başmelek İsrafil'in tam arkanızda olduğunu zihninizde imgeleyin. Size yardım etmek için geldi ve arkanızda bekliyor.

3. Başmelek İsrafil'den akan yeşil şifa enerjisinin ellerinize doğru ulaştığını imgeleyin. Artık elleriniz Başmelek İsrafil'in şifa enerjisini hastanıza ulaştırmak için kanal görevi görüyor. Bu enerjiye güvenin, bu

enerjinin hastanızın hasarlı olan bölgelerine sizin ellerinizden doğru aktığını imgelemeye başlayın.

4. Başmelek İsrafil'den eliniz aracılığıyla hastaya ulaşan yeşil şifa enerjisi tüm bedene su gibi akıyor ve yayılıyor. Bir süre sonra elinizi hastanın sorunlu, yaralı, yanmış ya da hasar görmüş yerlerine dokunmaya başlayın fakat elinizi o bölgede dakikalarca tutmanız gerekiyor.

5. Bu çalışmada hislerinize güvenin. Size elinizi ne zaman çekmeniz gerektiğini içsel sesiniz söyleyecektir. Hasta olan organa doğru, arkanızda durmaya ve size yardım etmeye devam eden Başmelek İsrafil'in yeşil şifa enerjisinin elleriniz aracılığıyla aktığını zihninizde görmeye devam edin.

6. Bir süre sonra elinizin ya da iki elinizi kullanıyorsanız ellerinizin ısınmaya başladığını fark edeceksiniz. Yeşil şifa enerjisinin elleriniz aracılığıyla aktığını bu şekilde fark edebilirsiniz. İşte bu sıcaklık şifa enerjisinin gücünden kaynaklanmaktadır. Çalışmayı sürdürün ve elinizi hasta olan noktada ne kadar tutacağınıza hislerinizle karar verin.

7. Sonunda Başmelek İsrafil'e teşekkür etmeli, minnetinizi ifade etmelisiniz. Bu çalışmayı sıklıkla yakınlarınıza uygulayabilir ve onlar için şifa kanalı olabilirsiniz. Kendinizi yüce ışık varlıklarından, başmeleklerden olan İsrafil'e bırakın. O sizin şifa enerjisini ulaştırmanıza yardım edecektir. Teşekkürler Başmelek İsrafil.

BAŞMELEK İSRAFİL
(RAPHAEL)
BAĞLANTILARI İLE YAŞANMIŞ MUCİZELER

Sevgili okurlarım, Başmelek İsrafil aracılığıyla gerçekleşen pek çok şifa mucizesi var. Sizlerle bunlardan birini paylaşmak isterim.

Bu yaşanmış hikâyenin en önemli noktası şifa enerjisinin kilometrelerce uzağa ulaşabildiğini kanıtlıyor olmasıdır.

Çok yakın arkadaşlarımdan biri yıllar önce evlendi ve Amerika'ya yerleşti. Onunla uzun yıllar boyunca mailleşmeye ve telefonlaşmaya devam etmiştik. Fakat son aylarda ondan haber alamıyordum. Maillerime yanıt vermiyor, telefonlarıma çıkmıyordu. Bir süre sonra onu çok merak etmeye başladım ve ailesine ulaşmaya çalıştım. Sonunda ablasının telefonuna ulaşmayı başardım. Ablası telefonu açar açmaz kendimi bir solukta tanıtıp "Aylin, nerede?" diye sordum.

Ablası, kız kardeşinin adını duyar duymaz bana hemen neler olduğunu anlattı. Aylin hastaydı. Kısmi felç geçirmişti. Son aylarda yataktan neredeyse hiç çıkamamıştı. Başka bir ülkede olması, sevdiklerinden, ailesinden uzakta olması da durumu daha fazla zorlaştırıyordu. Bunu duyduğumda kulaklarıma inanamamıştım. Çok sevdiğim arkadaşımı, güzel gülümseyişini, gözlerinin ışıl ışıl kristal gibi parlayışını hatırladım. Onun kadar yaşama bağlı, onun kadar mutlu bir insan nasıl olmuştu da bu kadar çok hastalanmıştı.

Bu haberin ardından günlerce kendime gelemediğimi hatırlıyorum. Aylin'in ablası ona eşinin telefonundan ulaşabileceğimi fakat Aylin'in telefonla konuşamadığını söylemişti. Onu aramak istiyordum ama telefonda ne söyleyecektim? Sadece yanında olduğumu ve onu ne kadar çok sevdiğimi söylemek bile yeterli olacaktır diye düşündüm. Aylin'in eşi bana neler olduğunu ve hastalığın başlangıç sürecini anlattığında kulaklarıma inanamamıştım. Aklımda tek bir şey vardı. Ona yardım etmem gerekiyordu. Bildiğim tek şey buydu. Aylin konuşmakta güçlük çekiyordu, bu nedenle eşinden telefonu kulağına koymasını istedim.

"Canım arkadaşım, seni çok seviyorum ve sana yardım edeceğim. Her şey düzelecek... Çok kısa zamanda..."

Sadece bunları söyleyebilmiştim, çünkü onun sessizliği çok acı vericiydi. Telefonu kapattığımda uzunca

bir süre kendime gelemedim. O gece neredeyse gö-
züme hiç uyku girmemişti ve bütün gece dua etmeye
devam ettim. Sabaha karşı dörde doğru uyuya kal-
mıştım; rüyamda yeşil bir sis bulutu içinde bana bir
el uzanıyordu. Bu eli kimin uzattığını göremiyordum,
ama içimde tarifsiz bir sevgi, tarifsiz bir coşku hissedi-
yordum. Hiç tereddüt etmeden o eli tuttum ve o yeşil
bulut etrafımı sarıverdi.

Sabah uyandığımda hâlen o güçlü sevgiyi hisse-
debiliyordum. Çok güçlü bir enerjiydi ve o enerjinin
Başmelek İsrafil aracılığıyla gelen şifa enerjisi olduğu-
na inanıyordum. Bana bu enerjiyi eliyle uzatan Başme-

lek İsrafil olmalıydı. Buna olan inancım çok güçlüydü, çünkü içimdeki ses bana bunun haberci rüya olduğunu söylüyordu. Tüm gece dua etmiştim ve rüya bağlantısına geçmiştim.

Sabah uyandığımda aklımdaki tek şey bu enerjiyi Aylin'e ulaştırmaktı. Onunla bağlantıya geçmem gerekiyordu ve hemen çalışmaya başladım. Daha önce de yaptığım başka şehirlerdeki ya da ülkelerdeki yakınlarıma, okurlarıma enerji aktarım çalışmaları yapmıştım fakat bu kez rüya bağlantısıyla Başmelek İsrafil ile gelen şifa enerjisi ile çalışacaktım.

Her gece enerji aktarımı yapmaya başladım. Aylin'in gülümseyen, sağlıklı yüzüne yoğunlaşıyor ve onun her geçen dakika daha fazla iyileştiğini imgeliyordum. Rüya kanalıyla aracısı olduğum yeşil şifa enerjisini iletmeye devam ettim. İki aydan daha uzun bir süre her gece çalışmaya devam ettim.

Bir gün öğleden sonra yazılarım üzerinde çalışırken telefonum çaldı. Arayan Aylin'in ablasıydı. Telefonda sevinçle sesi titriyordu.

"Aksu, hemen seni aramak istedim" demişti. Sonra gözyaşları arasında, Aylin'in iyileşme sürecine geçtiğini, parmaklarını oynatabildiğini ve çok az da olsa bazı kelimeleri konuşabildiğini anlattı. Doktoru, başta kalıcı teşhisi koydukları hastalığın iyileşme belirtileri göstermeye başladığını ve egzersiz çalışmaları ile hastalığı büyük ölçüde yenebileceklerini açıklamıştı.

Doktor bunu bir mucize olarak tanımlamıştı. Başta hiçbir gelişme olmamasına rağmen son iki aydır her kontrolde Aylin'in daha iyiye gittiğini söylemişti. Bunu duyduğumda mutluluktan neredeyse bayılacaktım. Evet, bu gerçekten Allah'ın büyük mucizesiydi. Koşulsuz sevgi, inanç ve Başmelek İsrafil'in yardımları ile gerçekleşmişti.

Aylin artık yürüyebiliyor ve konuşabiliyor. Ona gördüğüm rüyayı ve şifa enerji çalışmalarını anlattığımda bana o dönemde beni defalarca kez rüyalarında gördüğünü anlattı.

"Seni o günler ve geceler sürekli rüyamda görüyordum. Ya bana gülümsüyordun ya da çok ilginç bir şekilde elinde yeşil bir elma uzatıyordun. Ben de hemen elmayı alıp, güzelce bir ısırık atıyordum. Bu rüyaları görmeye başladığım ilk günden itibaren benim için dualar ettiğini anlamıştım. Bağlantıda olduğunu hissediyordum" demişti.

Sevgili okurlarım, inanın hiçbir şey imkânsız değil. Hepimiz sevdiklerimize koşulsuz sevgi ve inancımızla yardımcı olabiliriz. Hepimiz Allah vergisi bu güce ve enerjiye sahibiz.

BAŞMELEK AZRAİL
(AZRAEL)
MUCİZELERİ

Sevgili okurlarım Başmelek Azrail, pek çok efsanede Allah'ın eli olarak ifade edilmektedir. İsminin anlamı ise güç ve kudretle ifade edilir. Ruhların, bedenden ayrılma süreçlerinde onların ışığa ulaşmasına yardım eder. Yani diğer bir deyişle ruhların bu dünyadan ayrılmalarına ve öte dünyaya geçişlerine rehberlik etmektedir. Bu nedenle onun iki dünya arasında çok güçlü bir bağlantı olduğuna dair tarihte pek çok bilgi vardır.

Başmelek Azrail'in yeryüzünün bir ucundan diğer ucuna uzanan yetmiş bin ayağa ve dört bin kanada sahip olduğu ifade edilmiştir. Tüm bedeninin gözlerle kaplı olduğu, yeryüzündeki canlıların sayısına eş değer kadar çok dile sahip olduğu söylenmiştir. Canlıların ölüm vakitlerinin Başmelek Azrail'in sahip olduğu bir kitapta yazıldığı söylenmektedir. Bir insanın ruhu öte âleme geçmeden kırk gün önce yaşam ağacından bir yaprak Başmelek Azrail'in avucuna düşer.

Yaptığım araştırmalarda Başmelek Azrail hakkında bazı efsanelere ulaştım. Başmelek Azrail, bu dünyadan ayrılma zamanları gelen ruhların ardından gözyaşı döken insanları gördüğünde onlara, "Neden bu kadar çok ağlıyorsunuz?" diye sorarmış. "Ben Allah'ın elçisiyim ve onun emrini yerine getiriyorum." Ayrıca Başmelek Azrail'in geldiğinde cennet kokuları yaydığı ve etrafında ona yardım eden pek çok melekle birlikte çalıştığı ifade edilmiştir. Sevdiklerini kaybedenlerin yanında olur ve onlara yüce sevgi enerjisi ile destek verir.

Hadislerde yaptığım araştırmalarda Başmelek Azrail, Musa'ya ruhunu alması için gönderildiğinde Musa'nın ona tokat atıp, bir gözünü çıkardığı ifade edilmiştir. Bunun üzerine Başmelek Azrail, Allah katına gidip, "Beni öyle bir kula gönderdin ki, ölümü istemiyor" demiştir. Bunun üzerine Allah, Başmelek Azrail'e gözünü geri verir.

Yine hadislerde bakın Başmelek Azrail nasıl ifade edilmiştir.

Allah, Adem'i yaratmak istediği zaman başmelekler arasından birini yeryüzünden toprak almak için görevlendirmiştir. Melek bir parça toprak almak istediğinde ise toprak ona, "Allah hakkı için yarın cehenneme nasip olacak bir şeyi bugün benden alma" demiş.

Melek bunun üzerine yüce makama gitmiş. Allah, meleğe "Emrimi neden yerine getirmedin?" diye sormuş.

"Toprak, Allah hakkı için alma dedi. Senin hakkın için istenen bir şeyi kabul edemedim" diye yanıtlamış.

Allah, bunun üzerine diğer melekleri de yeryüzüne göndermiş ve hepsi aynı şekilde geri dönmüşler.

Başmelek Azrail aynı görevle yeryüzüne indiğinde toprağa, "Beni gönderen güç, emrinin yerine getirilmesine senden daha layıktır" diye yanıt vermiş ve Başmelek Azrail, toprağın iyi ve kötü kısımlarından alarak Allah katına götürmüştür. Bu iki parça toprağın üzerine cennet suyu dökülerek balçık meydana gelir ve Adem bu balçıktan yaratılır. İslam âlimleri yeryüzünden toprak almaları için gönderilen ilk iki meleğin sırasıyla Başmelek İsrafil ve Başmelek Mikail ya da yine sırasıyla Başmelek Cebrail ve Başmelek Mikail olabileceğini ifade etmişlerdir. Bunun ardından Allah, Başmelek Azrail'e ölüm meleği ismini vererek onu görevlendirmiştir.

İslam âlimlerinden İbni Ebi Dünya ve Ebu Şeyh Hasan'ın ifade ettiğine göre Başmelek Azrail, her gün var olan her evi ziyaret eder ve vakti gelenlerin ruhunu alır. Ruhunu aldığı zaman evdekiler ağlamaya başlarlar. Bunun üzerine Başmelek Azrail, boyut kapısında durarak elçi olduğunu ve suçu olmadığını söyler. Tam zamanında geldiğini ve bu zamanın eksilmediğini açıklar. Gitmeden önce ise bir gün o evde kimse kalmayana dek geleceğini bildirir.

Ebu Şeyh Hasan, Başmelek Azrail'in aldığı ruhların ardından gözyaşı dökenler için, "Eğer ölüm meleğinin sözlerini duysalar, ölülerini bırakır, kendileri için ağlarlar" demiştir.

Ayrıca hadislerde yaptığım araştırmalarda Başmelek Azrail'in her ruha karşı iyi, cömert ve nazik olduğuna dair rivayete rastladım.

Hz. İbrahim bir gün evinde otururken içeri düzgün giyimli bir adam girmiş. Hz. İbrahim ona eve nasıl girdiğini sormuş.

Adam, "Beni eve, evin sahibi aldı" diye yanıt vermiş.

Hz. İbrahim, her şeyin sahibinin Allah olduğunu, sahipliğin ona layık olduğunu ifade etmiş ve "Sen kimsin?" diye sormuş.

Başmelek Azrail, "Ben ölüm meleğiyim" diye yanıtlamış.

Başmelek Azrail'in Hz. İbrahim'le olan diğer bir bağlantısında ise Başmelek Azrail'in iki gözünün yüzünde, iki gözünün ise başında olduğu ifade edilmiştir.

Hz. İbrahim, Başmelek Azrail'e dünyanın biri bir ucunda, diğeri diğer ucunda olan ruhları, savaş sırasında ya da veba salgınındaki ruhları nasıl aldığını sormuş. Başmelek Azrail bu soruya yanıt olarak ruhları çağırdığını ve zaten onların elinin altında olduklarını açıklamıştır.

Başmelek Azrail'den ya da ölüm meleğinden Hristiyanlık tarihinde de sıkça söz edilmektedir. Buna göre, Allah'ın meleği Başmelek Azrail, Davud Peygamber tarafından şu şekilde tasvir edilmiştir. "Yeryüzü ile gökyüzü arasında Allah'ın yüce meleklerinden biri durmaktadır. Elinde tuttuğu kılıcı, Kudüs'ün üzerine doğru tutmaktadır."

İslam âlimleri üzerine yaptığım araştırmalarda, Başmelek Azrail yani ölüm meleğinin iki farklı grup melekle çalıştığına dair bilgilere rastladım. Yeryüzü, dağıyla ve ovasıyla ölüm meleğinin ayakları altındadır. Yanında rahmet melekleri ve azap melekleri bulunmaktadır. Ölüm meleği ruhları aldıktan sonra iyilerini rahmet meleklerine, kötülüklerini ise azap meleklerine teslim eder.

Başmelek Azrail'in ne kadar büyük olduğunu ise yeryüzünün onun elinin altında kaldığına yönelik açıklamalardan ve onun her yere ulaşabilecek güçte olmasından anlayabiliriz.

Meleklerden biri İdris Peygamber'e gelmek için izin istemiş. İzin aldıktan sonra gelip selam vermiş. İdris Peygamber, "Ölüm meleğini tanır mısın?" diye sormuş.

Melek, "Melekler içinde o benim kardeşimdir" demiş.

İdris Peygamber, "O geldiğinde bana yardım edebilir misin?" diye sormuş.

Melek, "O gün değişmez ama sana yumuşak davranmasını söyleyeceğim. Şimdi kanatlarımın arasına bin"demiş. İdris Peygamber binmiş ve melek onu göğün en yükseğine çıkarmış. İdris Peygamber burada ölüm meleği ile karşılaşmış. Melek, Başmelek Azrail'e bir ricası olduğunu söylediğinde Başmelek Azrail, "Biliyorum, İdris için bir dileğin var. Onun ismi silindi. Göz kırpmasının sadece yarısı kadar zamanı kaldı" dediği anda İdris Peygamber, meleğin kanatları arasında ölmüş.

Ayrıca hadislerde Başmelek Azrail'in sadece insanların değil pirelerin dahi ruhlarını almaya geldiği ifade edilmiştir. Fakat bazı İslam hadislerinde Başmelek Azrail'in sadece insanların ruhlarını aldığı, hayvanların ve diğer canlıların ruhlarını alan farklı melekler olduğu açıklanmıştır.

Ayrıca yaptığım araştırmalarda Tevrat çevirilerinde de, Başmelek Azrail hakkında bilgiler bulunduğuna rastladım. Diyor ki, "Ölüm meleğini görmeyecek ve ona ruhunu teslim etmeyecek hiçbir insan yoktur."

"Kimse ölüm meleğine, işlerimi tamamlamam için bana zaman ver ya da benim yerime kölemi veya oğlumu al, diyerek ondan kaçamaz."

Hristiyanlık tarihini incelediğimde Başmelek Azrail'i Allah'ın yaradılışın ilk gününde yarattığına dair bilgilere ulaştım. Evi cennet olarak kabul edilen Başmelek Azrail'in salgın zamanlarında yeryüzüne sekiz koldan indiği ifade ediliyor. On iki kanadı vardır ve tüm insanlar üzerine büyük güç sahibi olduğu açıklanıyor.

Zamanı gelen ruhları almaya geldiğinde elinde tuttuğu orakla tasvir edilmiştir. Ölmek üzere olan insan onu gördüğünde vücudunda kasılma meydana gelir ve ağzı açılır. Başmelek Azrail ise ağzına kılıcı ile dokunur ve bu insanın ölümüne neden olur diye ifade edilmiştir. Buna göre ruhun boğazdan geçerek, ağızdan çıktığına inanılmıştır. Beden ruhtan ayrılırken, ruhun sesinin dünyanın diğer ucuna kadar ulaştığı, fakat duyulmadığı ifade edilmiştir. Bazı çevirilerde yukarıda değindiğim orak, bıçak ya da ip olarak değişikler göstermiştir. Böylece ölüm boğulma olarak kabul edilmiştir.

Sevgili okurlarım Başmelek Azrail iyi ruhların koruyucusudur. Gücü ve bilgeliği ile onları korur ve destek olur.

- Yaşam amacınızı öğrenmek
- Bağışlamak
- Öfkeyi gidermek
- Ruhsal rehberlik

konularında Başmelek Azrail ile çalışabilir, ondan yardım alabilirsiniz. Kaybettiğiniz yakınlarınız için ondan destek isteyebilir ve onların ruhları için dua ederken, Başmelek Azrail kanalından yararlanabilirsiniz. Başmelek Azrail, ruhlara büyük acıma ve şefkatle yaklaşır. Danışmanlar, psikolog ve terapistler Başmelek Azrail'den yardım alarak hastalarının bağışlama, acılara dayanma, öfkeden arınma gibi konularda şifalanmalarını sağlayabilirler. Sevgili okurlarım, ilerleyen satırlarda sizlerle birlikte yaşam amacınız, bağışlama ve öfke terapisi konularında Başmelek Azrail ile nasıl çalışabileceğinize değineceğim.

BAŞMELEK AZRAİL
(AZRAEL)
BAĞLANTILARI

Sevgili okurlarım, başmeleklerle ve yardımcı meleklerle bağlantıya geçtiğinizde dünya zamanında kaymalar olduğunu fark edeceksiniz. Yani çok uzun zaman çalıştığınızı ve bağlantıya geçtiğinizi düşünür fakat dünya saatine baktığınızda henüz sadece birkaç dakika geçmiş olduğunu görürsünüz. İşte böyle zamanlarda sakın endişeye kapılmayın, yanlış bir çalışma yaptığınızı sakın düşünmeyin. Çünkü tam tersine çok doğru çalışmışsınız demektir.

Başmelek Azrail'den ise yine diğer meleklerde olduğu gibi pek çok konuda yardım alabilirsiniz. Bunlardan biri de öte dünyadaki yakınlarınıza dualarınızı ve sevginizi onun aracılığıyla ulaştırabilecek olmanızdır. Öncelikle onların mutlu ve çok huzurlu olduklarına dair güven içinde olmalısınız. Bu dünyadan göçen yakınlarınız meleklerin ve rehber ruhların yanında şifalanıyor ve beklemeye devam ediyorlar. Ayrıca sizlerin sevgi ve dualarınızı hissedebiliyorlar. Başmelek Azrail'den sizlere kanal olmasını isteyebilir, yakınlarınızın ruhlarına sevgi ve minnetinizi onun aracılığıyla iletebilirsiniz.

Başmelek Azrail ile bağlantıya geçebilmek için kendinize özel bir oda belirlemelisiniz... Kurutulmuş sardunya çiçeği, okaliptus yağı ve zencefil kullanabilirsiniz. Bunların hepsini birlikte ya da ayrı ayrı kullanabilirsiniz. Yağları ve kuru çiçekleri yakabileceğiniz özel bir kap belirleyin. Bazı mumlukların üzerinde yağ ve kuru çiçek yakabilirsiniz. O mumlukları kullanmanız çok daha iyi olacaktır. Odanızı güzel çiçek kokularının sarması için biraz bekledikten sonra mum ışığında çağrılarınızı çok kolaylıkla yapabilirsiniz.

"Başmelek Azrail, sahip olduğun yüce sevgi enerjisi her yeri sarıyor. Allah katından gelen bu yüce sevginin bizi sarmasına ve şifalandırmasına yardım et. Sana minnettarım ve teşekkür ederim."

"Başmelek Azrail, öte âlemdeki yakınlarımıza (burada isim belirtebilirsiniz) sevgimizin ve dualarımızın ulaşması için öte âlemle bu âlem arasında kanal ol. Sana minnettarım ve teşekkür ederim."

Ayrıca bu dünyada iletme fırsatı bulamadığınız mesajlarınızı, bu dünyada sevdiğinizi söyleyemediğiniz, yarım kalan her mesajınızı yine onun aracılığıyla öte âlemdeki sevdiklerinize ulaştırabilirsiniz. Diğer tüm meleklere ilettiğiniz gibi Başmelek Azrail'e de sevgi ve minnetinizi her mesajınızda iletmeyi lütfen unutmayın.

"Başmelek Azrail, ona (burada yakınınızın ismini belirtebilirsiniz) bu dünyada yanımda olduğu zamanlarda söyleyemediğim .... (burada lütfen yakınınıza olan mesajınızı belirtin) mesajımı ona iletmem için Allah'ın izni ile bana kanal ol. Sana minnettarım ve teşekkür ederim."

"Başmelek Azrail, onun (burada yakınınızın ismini belirtebilirsiniz) ruhunun huzur içinde olması, mutlu olması için Allah'ın izni ile yardım et. Sana minnettarım ve teşekkür ederim."

Başmelek Azrail'in yüce sevgi enerjisinin yardımıyla öfkenizi yenebilir. Öfke terapisi için ondan yardım isteyebilirsiniz. Gün içinde bazen öyle zamanlar olur ki öfkenin negatif enerjisi bizi ele geçirir ve kötü kelimeler sarf etmemize neden olur. Kötü kelimelerse bize, bulunduğumuz ortama, çevremizdeki insanlara, hayvanlara ve bitkilere negatif etki eder. Öfkenin negatif enerjisi güçlü ve ağır bir kara bulut gibi etrafımızı kaplar.

İşte böyle zamanlarda öfkemizi kontrol altına almak ve onu sevgi ile onarmak için Başmelek Azrail'den yardım isteyebiliriz. Öfke anında öncelikle nefesinizi kontrol altına almalı ve birkaç saniyeliğine gözlerinizi yumarak melekleri düşünmeli, onların sevgisi ile öfkenizi şifalandırmak için yoğunlaşmalısınız. Öfkeyi, sevgi ile şifalandırma çalışmasında Başmelek Azrail'den yardım alabilirsiniz.

"Başmelek Azrail, yüce sevgi enerjinle içinde bulunduğum bu öfke hâlinin geçmesi, şifalanması ve kaybolması için bana yardım et. Kimseyi kırmamam ve kötü sözler söylememem için öfkemi kontrol etmeme

Allah'ın izni ile yardım et. Sana minnettarım ve teşekkür ederim."

Sevgili okurlarım, başmelekler Allah'ın yüce katından enerjileri, koşulsuz sevgiyi, huzuru ve mutluluğu bizlere aktarırlar. Onlardan ayrıca evlilik, aşk, sevgi, aile içi huzur, çocuklarınızla sorunlarınızda yardım, iş yaşamınızda ilerleme, bolluk ve bereket gibi konularda yardım alabilirsiniz. İlerleyen bölümlerde sizlere konu başlıklarının altında meleklerden nasıl yardım alabileceğinize değineceğim. Ayrıca altın meleklerin şifalandıran, onaran, düzelten ve yaşamınızda olumsuz olan ne varsa onu olumlu hâle getiren enerjilerini sizlere bu kitap aracılığıyla kanal olması için yardımcı olacağım.

Sevgili okurlarım dünya yaşamları bizler için gitmemiz gereken bir yol, aşmamız gereken deniz ve sonuçlandırmamız gereken bir sınavdır. Çevremizde farkındalığımızı azaltan, yanılsama içine düşmemize neden olan pek çok etken var. Bu etkiler gün boyu bizlere negatif olarak yansımaya devam ediyor. Ancak onların bir üst seviyesine yükselerek, bu negatiflerin bizi kötü etkilememesini sağlayabiliriz. Yani ruhsal farkındalığa ulaşmamız gerekmektedir. Ne zaman ki ruhsal farkındalık boyutuna yükseldiğinizde, o zaman aslında hiçbir şeyin negatif olmadığını ve sizleri negatif olarak etkileyemeyeceğinin farkında olursunuz. Bu farkındalığı kazanabilmek, artık çevrenizdeki gerçekleşen kötü olarak ifade ettiğiniz hiçbir olayın sizi etkilememesi, enerjinizi düşürmemesi için koşulsuz sevgiye yani Allah'ın sevgisine sığının. Bu sevgi sizi bu yaşamda da, öte âlemdeki yaşamınızda da ışığa ulaştıracak, ışık olmanızı sağlayacaktır.

Şimdi lütfen bu farkındalık için bilinciniz ve ruhunuzunu Allah'ın sonsuz sevgi ve merhametine dair olan farkındalık için Başmelek Azrail'den yardım isteyin. Başmelek Azrail, yüceler yücesi bir ruhsal rehberdir. Sevgili okurlarım onun bu yaşam ile öte âlem arasında dört bin ruhani kanat ve yetmiş ruhani ayağa sahip olduğuna dair yapılmış olan tasvirler işte bu nedenledir. Lütfen okuduğunuz her satırda kalbinizden onlara olan minnetinizi, saygı ve sevginizi dile getirmeyi unutmayınız. Onlar Allah'ın habercileri, sorgusuz askerleridirler.

Başmelek Azrail'e ruhsal olarak farkındalığa ulaşmak ve bilinç kazanmak için çağrıda bulunabilirsiniz.

"Başmelek Azrail, çevremdeki bütün sorunlardan arınmak, uzaklaşmak ve onlara artık daha yüksek bir farkındalık seviyesinden bakmak istiyorum. Allah'ın izni ile bu farkındalık seviyesine erişmem için bana yardım et. Sana minnettarım ve teşekkür ederim."

"Başmelek Azrail öfke, korku, endişe, üzüntü ve keder... Hepsi bu dünyaya ait yanılsamalardır. Sen iki âlem arasında en yüce bağsın. Lütfen bana öte âlemin huzur ve mutluluğunu ulaştır. Böylece tüm korku, endişe, üzüntü ve kederlerimin şifalanması için Allah'ın izni ile bana yardım et. Sana minnettarım ve teşekkür ederim."

Pek çok okurumun, yaşam amacını merak ettiğini çok iyi biliyorum. Onlardan aldığım maillerde ve internet siteme gönderdikleri mesajlarda pek çok okurum bana yaşam amaçlarını nasıl öğreneceklerini, bu dünyaya nasıl bir görevle geldiklerini merak ettiklerini iletiyorlar. Sevgili okurlarım, bunu düşünüyor olmak bile farkındalığa gidilen yolda atılmış çok önemli bir adımdır.

Elbette bu dünyaya gelirken yapılan çok özel ve zaman zaman akıl sınırlarımızı zorlayabilecek kadar yüce yaşam planları vardır. Bu yaşam planlarında meleklerimiz bize öte âlemde de, bu âlemde de yardım ediyorlar. Ayrıca rehber ruhlarımız da meleklerimizle birlikte bizler için çalışıyorlar.

Yaşam amacını merak eden okurlarım, Allah'ın izniyle Başmelek Azrail'e danışabilirler. Bunun için içinizde böyle sorular ve şüpheler uyandığı zamanlarda gözlerinizi birkaç dakikalığına yumun ve zihninizden, "Başmelek Azrail, içinde bulunduğum bu çıkmaz, bütün bu sorular ve neden benim böyle sorunlar yaşadığım konusunda bana yardım et. Yaşamımdaki amacı, bu sorunların kaynağını görmem için bana Allah'ın katından, öte âlemden bu âleme taşıdığın sevgi enerjinle yol göster. Sana minnettarım ve teşekkür ederim." Bu şekilde çağrıda bulunduktan sonra lütfen hislerinize odaklanın. Bakın bakalım hisleriniz size neler söylüyor? Sevgili okurlarım, hislerinize güvenin. İçinizdeki sese güvenin çünkü bağlantıya geçtiğinizde melekleriniz size iç sesinizle, hislerinizle ulaşacaklardır. Onların mesajlarını alana kadar çalışmaya devam edin.

Başmelek Azrail'den ayrıca bağışlamak, bağışlayabilen olabilmek için de yardım isteyebilirsiniz. Şimdi bazılarınızın bağışlamak zor dediğini duyar gibiyim, ama bağışlamak en büyük, en yüce erdemlerden biridir. Allah, melekler bağışlıyorsa, bizlerin bağışlamaması ne büyük yanlıştır. Umarım, hepiniz bağışlayabilen yüce yüreklilerden olabilirsiniz. Lütfen kalbinize bu ışığı ve merhameti vermesi için öte âlemden bu âleme uzanan Başmelek Azrail'den yardım isteyin.

"Başmelek Azrail, bana kötülük edenleri, kalbimi kıran ve beni incitenleri, beni aldatan, kötü sözler sarf edenleri Allah'ın izni ile affetmem için yardım et. Öte âlemin sevgi enerjisini kalbime taşı ve beni sevginle şifalandır. Sana minnettarım ve teşekkür ederim."

BAŞMELEK AZRAİL
(AZRAEL)
BAĞLANTI MEDİTASYONLARI

Başmelek Azrail ile bağlantıya geçebilmek için uygulayabileceğiniz meditasyon çalışmaları vardır. Öncelikle onun aracılığıyla artık öte dünyada olan yakınlarınızla bağlantı kurabileceğiniz bir çalışmayı sizlerle paylaşmak isterim.

1. Gözlerinizi kapatın ve nefesinizi kontrol altına almaya başlayın. Üç kez nefesinizi burnunuzdan alıp, içinizden yediye kadar saydıktan sonra ağzınızdan bırakın. Bu şekilde negatif akımın sizden uzaklaştığını, arındığınızı hissetmeye çalışın.

2. İkinci adımda ise enerji bedeninizi hissetmeye çalışın ve enerji bedeninizin koruma kalkanıyla sarıldığını imgelemeye başlayın. Allah'tan size koruma ışığını yansıtmasını isteyin. Bunu zihninizden dileyin ve

zihin gözünüzle etrafınızı saran ışığı imgelemeye başlayın. Bu ışık size başınızın üzerinden doğru evrenden yansıyor. Işığı zihninizle görmeye başlayın.

3. Artık sizi saran negatif düşüncelerden ve etkilerden uzaklaştınız. Allah'ın koruma ışığıysa size kalkan oluyor. Böylece arınma çalışmanız süresince hiçbir negatif etki size zarar veremeyecek.

4. Şimdi Başmelek Azrail'e yoğunlaşmaya başlayın. Onunla bağlantı kurmaya, onu aklınızda resmederek başlayabilirsiniz. Başmelek Azrail'i çok büyük ya da sayısız kanatlarla imgeleyebilirsiniz. Rengi pudraya benzer çok açık sarıdır ve etrafını saran bu enerji rengiyle de tasvir edebilirsiniz.

5. Artık Başmelek Azrail'e çağrıda bulunabilirsiniz. "Başmelek Azrail, öte dünyadaki yakınıma (burada lütfen isim ya da isimler belirtin) sevgi ve dualarımın ulaşması için kanal ol ve bana yardım et... Sana minnettarım ve teşekkür ederim." Bu çağrıyı zihninizden ya da konuşarak yapabilirsiniz.

6. Şimdi onlara dair tüm iyi dileklerinizi, sevgi ve dualarınızı Başmelek Azrail aracılığıyla yakınlarınıza ulaştırmaya devam edin. Zihin gözünüzle Başmelek Azrail'in dualarınızı onlara ulaştırdığını imgelemeye çalışın.

7. Dua ve sözleriniz Başmelek Azrail'in pudra rengi enerji aurası ile sevdiğiniz ve şimdi bedenleri yanınızda olmayan yakınlarınıza ulaşıyor. Söylemek isteyip söylemediğiniz tüm sevgi sözcükleri bırakın Başmelek Azrail aracılığı ve Allah'ın izni ile öte âleme ulaşsın. Çünkü o bu âlem ve diğer âlem arasında çalışmaktadır. Tüm mesajlarınızı ilettikten sonra

biraz bekleyin ve kanalda kalmaya devam edin. His-
leriniz size çalışmayı ne zaman bitirmeniz gerektiği-
ni söyleyecektir. Çalışma sonunda Başmelek Azrail'e
olan minnetinizi ve teşekkürlerinizi sunmayı lütfen
unutmayın.

Ayrıca Başmelek Azrail'in yardımıyla yaşam ama-
cınız üzerine meditasyon bağlantısına geçebilirsiniz.
Bir önceki meditasyon çalışmasındaki hazırlık aşama-
sını ve nefes uyumlamasını yaptıktan sonra aynı şekil-

de sardunya çiçeği, okaliptüs yağı ve zencefille ya da bunlardan sadece birini yakarak meditasyon bağlantısının daha kolay olmasını sağlayabilirsiniz.

1. Şimdi gözlerinizi kapatın ve bağdaş kurma ya da oturma pozisyonu alın. İşte başlıyoruz...

2. Zihninizde Başmelek Azrail'e çağrı yaparken, onu yine zihin gözünüzle görmeye ve canlandırmaya çalışın. Bu şekilde onun frekansına daha kolay ulaşabilirsiniz. Yoğunlaşmaya devam edin ve ondan yaşam amacınızı size rüya kanalıyla ulaştırmasını isteyin.

3. "Başmelek Azrail, lütfen bana yaşam amacımın farkında olmam için bana yardımcı ol. Yaşadığım acıların, üzüntülerin ve mutlulukların hepsinin bir nedeni olduğunu biliyorum. Farkındalığımın açılması için bana yardım et. Sana minnettarım ve teşekkür ederim."

4. Bu çağrıyı Başmelek Azrail'e zihninizden iletebilirsiniz. Akıl gözünüzle onun pudra rengi enerjisini hissetmeye çalışın. Sizi duyuyor ve size yardım edecek. Buna inanın. Meditasyon çalışmalarında inancınızı düşürecek hiçbir negatif düşüncenin sizi etkilemesine izin vermemelisiniz. Çalışmanın sonunda lütfen Başmelek Azrail'e teşekkür ederek minnetinizi dile getirin.

Çalışmanın ardından mümkünse kimseyle konuşmadan yatmalı ve rüya bağlantısına geçmelisiniz. Aynı gece rüyanızda yanıt alamasanız bile, ilerleyen günlerde rüyalarınızda değişimler olmaya başlayacaktır. Sonraki geceler de yatmadan önce yaşam amacınızı anlayabilmek için Başmelek Azrail'e çağrılarda bulunmaya devam edin. Yaşam amacınızın şifreleri size rüya kanalıyla ulaşmaya başlayacaktır.

Sevgili okurlarım, inanç her şeydir. İnancın olmadığı yerde negatif bloklar devreye girer ve sizin hem dünyevi yaşamınızı hem de ruhsal yaşamınızı kötü yönde etkilemeye başlar. İnandığınız sürece meleklerle bağlantılarınız çok daha kolay ve sorunlarınızın çözümü çok daha rahat olacaktır.

Meleklerle çok uzun yıllardır süren çalışmalarımda pek çok bağlantıya geçtim. Benden meleklerle bağlantıya geçmek isteyen pek çok yakınıma ve okurlarıma da elimden geldiğince yardımcı olmaya çalıştım. Tüm bu deneyimlerime dayanarak çalışmalarda inancın ne kadar önemli olduğunu gördüm. Onların sizlere yardım etmek istediklerini ve sizden çağrı beklediklerini lütfen unutmayın. Melekler sizleri koşulsuz ve çok seviyorlar.

BAŞMELEK AZRAİL
(AZRAEL)
BAĞLANTILARI İLE YAŞANMIŞ MUCİZELER

Eminim pek çoğunuz, yaşam amacınız üzerine düşünmüşsünüzdür. Neden hep aynı sorunları yaşadığınızı, sürekli aynı nedenlerden dolayı üzüntü içinde olduğunuzu mu düşünüyorsunuz?

Sorunların üstesinden neden bir türlü gelemediğinizi hiç düşündünüz mü? Acaba neden hep aynı dertlerle mücadele etmeniz gerekiyor. Belki de bütün bu sorunların altında sizin göksel planda tasarlanan yaşam amacınız, yaşama nedeniniz vardır.

Karma, yani etkiye karşı tepki nedeniyle yaşadıklarımıza verdiğimiz benzer tepkilerden dolayı sürekli aynı etkilerle karşı karşıya kalıyoruz ve yaşamımızı aşağı çekmeye devam ediyoruz. Çünkü sürekli aynı şekilde devam eden negatif tepkiler yaşamımız ve bizler üzerinde blokelere neden oluyor.

Şimdi birlikte yaşama yansıyan bu aynı karma hareketliliğini değiştirme şansına sahip olabiliriz. Bunu yapabilmek için önce yaşam amacımızı öğrenmemiz gerekmektedir. Yaşam amacımızı öğrendiğimizde, yaşam içinde devam eden tekdüze durumları da önleme fırsatımız oluşur. Şimdi sizlere farklı bir bağlantı çalışmasıyla yaşam amacını öğrenen ve hayatında kısır döngüler yaşamak zorunda olmayan bir okurumun yaşadığı mucizeyi sunmak istiyorum.

Reyhan Hanım, beni yurt dışından takip eden okurlarım arasında. Kendisi Almanya'da çalışan Türklerden. Reyhan Hanım, bana Almanya'dan bakın nasıl bir mail atmıştı:

"Aksu Hanım, iyi günler.

Kuantum kitabınızı iki gün içinde okuyup bitirdim. İnanın aklımdaki tüm soruların yanıtını bulmam için özel olarak gönderilmiş bir kitap olduğuna inanıyorum. Çünkü aklımdaki neredeyse tüm soruların yanıtını kitabınızın sayfaları arasında buldum. Her şeyin bir enerjisi olduğunu öğrendim ve beni en çok etkileyen de buydu. Canlı, cansız her şeyin enerji olması gerçekten çok çarpıcı ve ben sizin kitabınızın da enerjisi olduğuna inanıyorum. Bu enerji çok güçlü bir sevgi enerjisi olsa gerek. Ben öyle hissediyorum.

Yıllardır Almanya'da yaşıyorum ve buradaki çalışma koşulları, sevdiklerimden uzak olmak yaşamı zorlaştırıyor ama zor olan başka bir şey daha var. Devam eden aynı sorunlar. İnsan hep mi aynı sorunları yaşar. Ailesiyle, çocuklarıyla hep mi tartışır? Bunun nedenini bilmiyorum, ama ben çocuklarımla hep aynı sorunları yaşamaktan yoruldum."

Evet sevgili okurlarım Reyhan Hanım sürekli aynı sorunları yaşıyordu. Çocuklarıyla hep aynı nedenlerden dolayı tartışıyor ve huzursuzluklar yaşıyordu. Bunu önlemek için kuantum çalışmalarını kullanmıştı ve bir süre etkilerini görmüştü, fakat daha sonrasında yine aynı sorunlar geri geliyordu.

"Ben dünyaya bu sorunlarla mücadele etmek için gelmiş olabilir miyim?" diye soruyordu. Aslında bu sorunun yanıtını yine bilecek olan kendisiydi ama bu farkındalık için yardım alması gerekiyordu. Ona yanıt maili yazdığımda Başmelek Azrail'den yaşam amacı konusunda yardım alabileceğinden söz ettim ve bunun için bir çalışma önerdim.

Reyhan Hanım çalışmayı uygulasa da ne yazık ki rüya kanalıyla bir türlü bağlantıya geçememişti. Bana attığı bir maili sizlerle paylaşmak istiyorum.

"Ne kadar meditasyon çalışması yaptıysam da maalesef rüya bağlantısı kuramadım. Fakat her çalışmanın ardından içimi bir huzur kapladığını hissediyorum. Bu çok garip ve daha önce hissetmediğim bir duygu. Fakat çok garip bir şey var. Gün içinde aklıma sürekli olarak iki kelime geliyor.

'Çocuklarını sev...'

Bunun anlamı ne olabilir diye düşündüğümde gerçekten büyüdüklerinden beri çocuklarımla bir şey paylaşmadığımı, sadece onların okuluyla ve kendi işimle ilgilendiğimi fark ettim. Acaba benim yaşam amacım çocuklarıma sevgi vermek olabilir mi diye düşündüğüm sırada işyerindeki çalışma masamın üzerine minicik bir tüy süzülerek iniverdi. Acaba doğru mu tespit ettim? Bu tüy meleklerin soruma verdiği bir yanıt olabilir mi?"

Reyhan Hanım yaşam amacına ve çocuklarıyla yaşadığı olumsuzluklara yönelik yanıtını almıştı. Ondan meleklerine güvenmesini ve bir deneme yaparak doğru yanıta ulaştığından emin olmasını önerdim. Böylece, ona çocuklarına karşı daha duyarlı ve sevgi dolu olmasını tavsiye ettim.

"Akşam birlikte masaya oturduğumuzda, onlara dersler nasıl diye sormak yerine, çocuklar sizi çok özledim dedim. Akşam birlikte izleyebileceğimiz bir film önerdim. Çocuklarım şaşırmış bir şekilde bana bakıyorlardı. Film bittikten sonra onları ne kadar çok sevdiğimi söyledim. Kızlarım hemen koşup boynuma sarıldılar. Yıllardır ilk defa kendimi bu kadar huzurlu hissediyordum. Demek ki sevgi evdeki huzursuzluğun tek çözümüymüş ve benim yaşam amaçlarımdan biri çocuklarımı sevmek, onlara ilgi göstermek ve ailemizi bir arada tutmakmış. Meleklerimin önerisini uygulamaya devam ediyorum. Kızlarıma sevgi veriyor ve karşılığında sevgi alıyorum. Eskiden odasına kapanan ve dışarı çıkmayan çocuklarım şimdi akşamları yanımdan ayrılmıyorlar ve birlikte çok keyifli zaman geçiriyoruz. Yıllar sonra ilk defa ailemizi gerçekten bir arada, sevgi ve huzur içinde hissediyorum. Meleklerime çok teşekkür ederim. Onları seviyorum..."

ALTIN MELEK ENERJİ ÇALIŞMASI

Sevgili okurlarım, altın melek enerjilerine diğer kitaplarımda olduğu gibi bu kitabımda da değinmek istiyorum. Altın melek enerjisine ulaşmak ve onlarla çalışmak için öncelikle altın enerjiye uyumlanma çalışması yapmanız gerekmektedir. Bu çalışmaya başlarken ruhen ve kalben arınmış olmanız çok önemli. Altın melekleri, gece ve gündüz yapabileceğiniz farklı uygulamalarla davet edebilirsiniz.

Ruhen ve kalben arınmak için öncelikle lütfen kötü düşüncelerinizin sizden uzaklaştığını, tamamen arındığınızı, yaşamınızda sizi bloke eden korku, endişe, öfke ve en önemlisi sevgisizliğin sizden tamamen uzaklaştığını zihninizde resmetmeye başlayın.

Bunun için öncelikle kendinize altın meleklerle çalışabileceğiniz bir oda belirleyin. Burada kimse tarafından rahatsız edilmemeniz, telefon, bilgisayar ve elektronik aletlerden uzak olmanız gerekmektedir. Gece yapacağınız çalışmalar da aydınlatma için mum kullanabilirsiniz.

Çalışmaya öncelikle zihninizi boşaltmakla başlamalısınız ve bağlantı çalışmalarında zihninizi boşaltabilmek için altın meleklerinizden yardım alabilirsiniz.

"Altın melekler, lütfen gelin ve aklımdaki tüm endişelerimi, korkularımı, üzüntülerimi alın ve enerji alanımdaki hasarların giderilmesi için bana yardım edin. Sizlere minnettarım ve teşekkür ederim."

Şimdi gözlerinizi kapatın ve enerji alanınızı saran altın enerji ışığını imgelemeye başlayın. Bu ışığın sizi arındırması, enerji alanınızı şifalandırması için bekleyin. Işık, tüm bedeninizin etrafını sarıyor ve eterik bedeninizle âdeta tek vücut oluyor. Lütfen bunu zihninizde görün. Eterik ya da diğer bir deyişle süptil beden formu, sizi ruhsal olarak simgeler yani ruhsal durumunuza göre şekil alır. Aura alanınızın ilk temel katmanını oluşturur ve fiziksel bedeninizden yaklaşık beş santim kadar uzaklıkta şekil alır. Eterik bedeninizin rengi maviden griye kadar pek çok tonda ve sürekli değişim hâlindedir.

Sevgili okurlarım, eterik bedeninizi düşünceleriniz, duygularınız, korkularınız belirlemektedir. Siz ne kadar çok negatif düşünce, korku ve endişe biriktiriyorsanız, eterik bedeninizde o kadar güçsüz hâle gelir. Eterik bedende açılan yırtıklar sizin fiziksel bedeninize hastalık geçişini kolaylaştırır. Sevgili okurlarım, işte bu nedenle sizlerin yaşamınızı yoluna koyabilmek için öncelikle altın meleklerinizle eterik bedeninizi şifalandırmanız için çalışma yapmanız gerekiyor.

ALTIN MELEKLERLE ETERİK BEDEN ÇALIŞMASI

Eterik beden şifası çalışmasında yukarıda size tavsiye ettiğim şekilde çalışmanıza başlayabilirsiniz. Bu çalışmada öncelikle fiziksel bedeninizin yaklaşık 5-6 santim ötesine yoğunlaşmanızı rica ediyorum.

• Eterik bedeninize yoğunlaştıktan sonra aklınızdaki tüm olumsuz düşünceleri gözden geçirmeye başlayın.

• Bakın bakalım bu düşünceler neler?

• İşlerinizle ilgili kaygılar mı?

• Özel yaşamınızdaki sorunlar mı?

• Sevgisizlik mi?

• Ailevi sorunları mı?

• İlişkilerde uyumsuzluk mu?

• Başarısız ilişkiler mi?

Lütfen, zihninizde tüm sorunlarınızı belirlemeye çalışın.

• Sorunlarınızı belirledikten sonra, altın meleklere çağrı yapmaya başlayın.

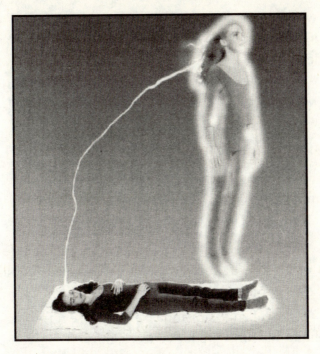

• "Altın meleklerim, lütfen gelin..."

• İlk olarak bu çağrıyı yapmanızı ve gözlerinizi kapatıp, zihninizde imaje ettiğiniz meleği ve altın rengi enerjisini görmeye yoğunlaşın.

• O artık sizinle ve sizin yanınızda.

• Eterik bedeninizi altın enerjisiyle sarmaya başlıyor.

• Altın enerji çok güçlü şifa enerjisidir, onarıcıdır.

• Şimdi duygularınızı altın enerjilerle onarmaya başlıyoruz.

• Derin nefes almaya devam edin. Nefesleri burnunuzdan alıp, ağzınızdan vererek negatif enerjinin boşaltılmasını sağlayabilirsiniz. Lütfen sık aralıkla nefesler alın.

• Altın enerjinin eterik bedeninizi sardığını ve tüm eterik bedeninizin aynı altın rengine dönüştüğünü imgeleyin.

• Eterik bedeninizle birlikte geçmişte yaşadığınız kötü anılar da şifalanıyor.

• Korkularınız, üzüntüleriniz, keder ve endişeleriniz şifalanıyor.

• Altın melek enerjisinin sevgi gücüyle onarılıyorsunuz.

• Bu sevgi sizi tümüyle arındırıyor.

• Lütfen nefes almaya devam edin. Zihninizde altın ışıkla sarıldığınızı ve eterik bedeninizin bu ışıkla bir olduğunu imgeleyin.

• Bu çalışma sırasında kalbinizi, sevgi ve coşku dolu bir his sardığını fark edeceksiniz.

• Bunun tadını çıkarın. Sevginin gücünü, saflığını ve şifasını hissedin.

• Artık eterik bedeniniz sevginin gücüyle onarılıyor ve şifalanıyor.

• Altın meleğiniz acılarınızı sevgiyle şifalandırıyor.

• Derin nefes almaya devam edin.

• Bir süre daha altın meleğinizi ve onun sizi saran altın rengi enerjisini imgelemeye devam edin.

• Altın melek enerjisi ile şifalanma süreci size bağlıdır. İstediğiniz kadar çalışmayı sürdürebilirsiniz.

• Sonunda altın meleğinize teşekkür etmeyi ve ona minnetinizi sunmayı lütfen unutmayın.

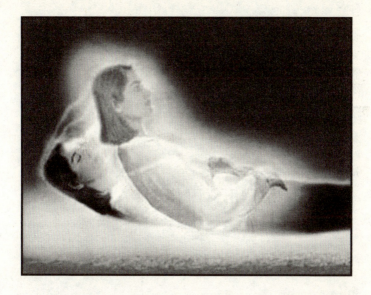

Bu çalışmayı belli aralıklarla geceleri uygulayabilirsiniz. Ayrıca gün içinde bulduğunuz her fırsatta altın meleklerle bağlantıya geçebilir, onlardan işleriniz, okulunuz, sınavlarınız ve darda kaldığınız daha pek çok konuda yardım isteyebilirsiniz. Ani stres ve sorun yaşadığınız insanlarla ilgili olarak onlardan destek alabilirsiniz. Öfkeli ortamların sakinleşmesi ve negatif alanlara altın enerjinin pozitif gücünün akması için çağrıda bulunabilirsiniz.

"Altın melekler lütfen gelin ve öfkeli olan .... (burada isim belirtebilirsiniz) kişinin öfkesinin dinmesi, sakinleşmesi için yardım edin. Size minnettarım ve teşekkür ederim."

"Altın melekler lütfen gelin ve gireceğim sınavda başarılı olmam, zihnimin açık olması ve korkularımın gitmesi için bana yardım edin. Size minnettarım ve teşekkür ederim."

ALTIN MELEK ENERJİ AKTARIMI

Altın melek enerjisiyle yakınlarınıza şifa iletebilirsiniz.

• Altın melek enerjisi, altın melekler kanalıyla alınan enerjidir. Bu enerjinin hasta yakınlarınıza, zor durumdaki sevdiklerinize ulaşmasına aracılık edebilirsiniz.

• Hasta yakınınız sizden uzakta olsa da ona bu çalışmayla ulaşmanız mümkündür.

• Altın melek eterik beden çalışmasında olduğu gibi enerji aktarımı çalışmasında da aynı şekilde gece ve mümkünse rahatsız edilmeyeceğiniz bir alanda olmanız gerekiyor.

• Mum yakabilir ya da loş ışık kullanabilirsiniz. Bu şekilde yoğunlaşmanız ve çağrı yapmanız daha kolay olacaktır.

• Yine nefes çalışmaları yaparak negatif enerjinin akmasını sağlamanız gerekiyor. Ardından yakınınıza yoğunlaşın. İsmini düşünün ve görünümünü aklınızda imgeleyin.

• Şimdi altın melek enerjisine yoğunlaşın ve altın meleklerin bu enerjiyi yakınınıza taşıdığını imgeleyin. Onun bu enerjiyle bütünleştiğini, şifalandığını imgelemeye başlayın.

• Özellikle hasta olan bölgenin altın rengi enerjiyle kaplandığını zihninizde canlandırmaya başlayın.

• Bu enerji, Allah'ın şifasını sizlere ulaştırıyor. Allah'tan, yardım ve şifa isteyerek, çalışmanıza devam edin.

• Zihninizde hasta olan yakınınızın bu çalışma sonrasında ne kadar mutlu ve iyi olduğunu imgelemeye başlayın. Altın enerji onu tamamen şifalandırıyor. Altın melekler ona şifa taşıyorlar.

• Yoğunlaşmaya ve derin nefesler almaya devam edin. Altın enerji, hasta olan yakınınızın tüm bedenini sarıyor. Enerji çalışıyor ve davet ettiğiniz altın melekler enerji taşıyorlar.

• Bir süre beklemeli ve altın enerji uyumlaması için zaman vermelisiniz. Başmeleklerle yaptığınız çalışmalarda olduğu gibi altın meleklerle çalışırken de, çalışmayı bitirmek için hislerinize güvenmeniz gerekmektedir.

• Hisleriniz size bitirmeniz gereken doğru zamanı söyleyecektir. Lütfen onlara güvenin. Doğru zaman geldiğinde çalışmayı bitirin. Önce meleklere sonra Allah'a olan minnetinizi ifade edin.

ALTIN MELEK BAĞLANTI MUCİZESİ

Sevgili okurlarım, altın meleklerle ve onların altın enerjileriyle uzun zamandır çalışıyorum. Altın enerjiler gökyüzünden melekler aracılığıyla inmeye devam etmektedir. Altın ışıltıları içindeki altın melekler insanlara, hayvanlara ve yeryüzüne şifalar indirmektedirler.

Altın melekleri görebilen küçük bir yakınımın yaşadığı mucizeyi sizlerle paylaşmak isterim. Bahar henüz altı yaşında ve kristal çocuklardan... Annesi Serap beni bir gün heyecanla arayıp Bahar'ın altın melekleri gördüğünü söylemişti. Bu sırada Bahar annesinin elinden telefonu aldı ve "Evet Aksu teyze görebiliyorum" diye anlatmaya başladı. Sesi çok heyecanlıydı ve mutluluktan havalara uçuyordu.

"Onları birkaç gündür görebiliyorum. Sabah uyandığımda etrafımda oluyorlar. Altın renkte sarı bir ışık saçıyorlar. Çok güzeller. Bu sabah, onlarla konuşmaya karar verdim."

Bahar'a kaç tane melek görebildiğini sordum.

"İki taneler ve ikisi de yatağımın ayakucunda duruyor. Biri bir kenarda, diğeri diğer kenarda. Küçücükler ama ben onları görebiliyorum. Annem göremiyor. Onlarla konuştum ama sanırım beni duyamıyorlar, çünkü hiç yanıt vermediler" diye yanıtladı heyecanla.

Bahar onları görebiliyordu, fakat onlarla konuşamıyordu. Ondan altın melekleri her gördüğünde konuşmaya çalışmasını istedim. Bunu başarabileceğini biliyordum. Kalp gözü açıktı ve o kristal bir çocuktu, yapabilirdi. Aradan bir hafta geçmeden

Serap beni aradı ve kızının başardığını, altın meleklerin onun sorularına yanıt verebildikleri söyledi. Tabii bu sırada Bahar yine heyecanla annesinin elinden telefonu kapıverdi.

"Evet Aksu teyze. Artık konuşabiliyorum. Onlara güzel bir odam olacak mı diye sordum ve bana yakında başka bir eve taşınacağımızı ve güzel bir odam olacağını söylediler. Üstelik yeni evimiz bize ait olacakmış..."

Daha sonra Serap ile konuştuğumda bunun mümkün olamayacağını ve borçları olduğunu yeni eve taşınmak değil, kiralarını bile ödemekte güçlük çektiklerini anlatmıştı. Bahar'a, ev almaları için altın meleklerinden yardım isteyebileceğini söyledim. Bu çok hoşuna gitmişti. Her gece yatmadan önce altın meleklerine ev almak için nasıl çağrıda bulunacağını anlattım.

"Altın meleklerim, lütfen Allah'ın izni ile evimizi alabilmemiz için bize yardımcı olun. Size çok teşekkür ederim."

Bahar'a her gece yatmadan önce dualarını ettikten sonra altın meleklerine çağrıda bulunmasını ve aynı cümleleri kullanmasını söyledim. Sevgili okurlarım, sonraki günler Bahar ve ailesi için mucizeler birbiri ardına gelmeye başladı. Önce Serap'ın, yaptığı iş başvurularından birine kabul edildi ve çalışmaya başladı. Ardından ayrıldığı eşi onlara ev alabilmeleri için büyük miktarda para yardımı yaptı. Şimdi Bahar, annesiyle birlikte yepyeni evlerinde yaşıyor. İstediği gibi kocaman bir odaya sahip oldu ve çok mutlu. Bakın bana yazdığı mailde ne diyor...

"Aksu Teyze, önce Allah'a sonra altın meleklerime ve bana yardımcı olduğun için sana çok çok teşekkür ederim. Sizleri çok seviyorum, öpücükler, Bahar..."

KORUYUCU MELEKLERLE
BAĞLANTI

Koruyucu melekler, sadece insanların değil, yeryüzündeki tüm canlıların koruyucu melekleri vardır. Sizi sizden çok daha iyi bilirler. Geleceğinizi, geçmişinizin yaşam amacınızı çok iyi bilirler. Doğduğunuz günden itibaren yanınızdan ayrılmaz ve size rehberlik ederler. Sizi koşulsuz sever ve korurlar. Bu korumayı kabul etmek, almak ve onların ışıklandırdığı yolda ilerlemek özgür irade sahibi olan insanların kendi tercihlerine bağlıdır. Negatif yaşayan ve yanılsamalar arasında kaybolan insanlar koruyucu meleklerini duymakta ve hissetmekte güçlük çekerler.

Meleklerinize ruhunuzu ve kalbinizi açmak, onları hissetmek için negatif bloklarınızdan arınmaya başlamalısınız. Her negatif düşünce, davranış, her öfke, korku ve endişe sizin meleklerinizle bağlantıya geçmeniz ve onların rehberliğini alabilmeniz önünde bir engel olmaktadır. Bu nedenle koruyucu meleğinizle bağlantıya geçmeden önce kendi bloklarınızdan arınmanız gerekmektedir. Onlarla bağlantı kurmak için sorularınızı direkt sormanız gerekiyor.

• Koruyucu meleğim ev sahibi olabilecek miyim? Lütfen bana yanıt ver. Teşekkür ederim.

• Sınavda iyi sonuç alabilecek miyim? Lütfen bana yanıt ver. Teşekkür ederim.

• Hastalığım iyileşecek mi? Lütfen bana yanıt ver. Teşekkür ederim.

Bu şekilde direkt ve karmaşık olmayan sorular yöneltmeniz gerekmektedir. Koruyucu meleklerle ve evrenle çalışırken sorularınızın yalın, isteklerinizinse ise kesin olmasına dikkat etmelisiniz. Koruyucu melekler ve diğer tüm çalışan meleklerle bağlantıya geçerken uygulayabileceğiniz bazı yöntemler var, ancak bu yöntemlerde de en önemlisi sizin çok açık, kararlı ve istekli olmanızdır. Onlar zaten yardım etmeye hazırdırlar.

KORUYUCU MELEĞİNİZE ULAŞIN

Sizlere küçük bir okurumun benimle paylaştığı yaşanmış bir koruyucu melek mucizesini sunmak isterim. Bu e-postayı aldığımda çok duygulanmış ve gerçekten çok etkilenmiştim. Okurum henüz on iki yaşında bir öğrenci. İşte Elif'in yaşadığı melek mucizesi...

"Meleklerin kim olduklarını ilk olarak anneannem bana meleğim diye seslendiğinde öğrenmiştim. Ona melek ne demek diye sormuştum ve o zaman daha beş yaşındaydım. Anneannem bana meleklerin Allah için çalıştıklarını, çok güzel kanatları ve çok güzel yüzleri olduğunu anlatmıştı. Melekler siz çocukları korur demişti. Meleklerin resimlerini gördüğümde onların ne kadar güzel olduklarını düşünmüştüm. Çok güzel saçları, kanatları vardı.

Sonra annem bana onlara dilek dileyebileceğimi anlatmıştı. Ben de sürekli meleklerimden bir şeyler istiyordum ve istediklerim gerçek oluyordu. Bir gün bebek istiyordum, bir gün oyuncak, bazen güzel kıyafetler ve pabuçlar istiyordum. Gece yatmadan önce penceremin kenarına oturup dışarı doğru bakar ve gözlerimi kapatıp dilek dilerdim.

Bir gün çok sevdiğim dedemin hasta olduğunu öğrendim. Annem bana onun kalbinde hastalığı olduğunu söylemişti. Çok korkmuştum. Onun hasta olmasını istemiyordum, çünkü artık benimle oynayamıyor ve beni parka götüremiyordu. O zamanlar çok küçük olduğum için kalbindeki hastalığın dedemle aramıza girdiğine inanmıştım ve hastalığına çok kızıyordum. Anneanneme hislerimi anlattığımda bana nasıl güldüğünü hatırlıyorum. Uzun süre gülmüştü ama ben onun neden güldüğünü bir türlü anlayamıyordum. Aramıza giren o hastalıktan nasıl kurtulabilirim diye sormuştum.

Anneannem bana, 'Meleğim, dedenin koruyucu meleğinden yardım istemeye ne dersin?' diye sormuştu.

'Dedemin koruyucu meleği kim?' diye sormuş ve çok heyecanlanmıştım.

Anneannem bana her insanın koruyucu meleği olduğunu anlattı. Koruyucu melekler insanları kötülüklerden korur ve her zaman onların yanında olurlarmış. Bunu öğrendiğimde çok heyecanlanmıştım. Acaba benim koruyucu meleğim nasıldı? Acaba dedemin koruyucu meleği nasıldı? Bu soruları anneanneme sorduğumda benden onları aklımda hayal ettiğim gibi çizmemi istedi. Hemen koşup resim defterimi, renkli kalemlerimi getirdim ve çizmeye başladım.

Önce kendi koruyucu meleğimi çizdim. Çok güzel, uzun saçlar ve pembe kanatlar yaptım. Üzerine de beyaz bir elbise giydirdim. Resmin altına da onu çok

sevdiğimi yazdım. Dedemin koruyucu meleğinin nasıl göründüğünü düşündüğümde onun dedeme benzediğini hayal etmiştim. Kesin dedem gibi beyaz sakalları olan beyaz saçlı bir melek olmalıydı ve kanatlarını da beyaz olarak hayal etmiştim.

Dedemin meleğini beyaz saçları ve sakalları olan dedem gibi çizdim ve bembeyaz kocaman kanatlar yaptım. Kanatların kenarlarını da maviye boyadım. Dedemin koruyucu meleği aynı dedeme benzemişti. Dedemin koruyucu meleğinin resminin altına bir de not yazdım.

'Canım dedemin, canım koruyucu meleği, lütfen dedemin kalp hastalığı gitsin... Onunla eskisi gibi parka gidip oyun oynayalım. Seni ve dedemi çok seviyorum.

Elif...'

Akşama kadar koruyucu meleklerimizin resmini çizmiştim. Bitince koşup anneanneme gösterdim. Anneannem yavaşça gözlüklerini takıp, resimleri incelerken ben heyecandan neredeyse bayılacaktım. Kalbim o kadar hızlı atıyordu ki. Anneannem düşündü düşündü ve sonunda bana doğru dönüp, 'Sen gerçekten melek kalpli bir kızsın' dedi. Boynuma sarılırken gözlerinin dolduğunu görmüştüm.

Anneannem meleklerin çok güzel olduğunu söyledi ve 'Dedenin koruyucu meleğini onun yatağının başucuna asmak ister misin?' diye sordu. Bu harika bir fikirdi. Odama koşup bant getirdim ve usulca dedemin odasına girdim. O sırada dedem uyuyordu. Parmak uçlarıma basarak yatağının başındaki duvara dedemin koruyucu meleğinin resmini astım. Sonra da gözlerimi kapatıp, 'Allahım, lütfen dedemin koruyucu meleğine dedeme yardım etmesini söyle... Hemen iyileşsin ve eskisi gibi oyun oynayalım' diye fısıldadım.

Odama geldiğimde de kendi koruyucu meleğimi kendi yatağımın başucuna astım ve ondan da dedemin iyileşmesi için dedemin koruyucu meleğine yardım etmesini istedim. Aradan üç gün geçmişti, annemin cep telefonu çaldı. Arayan dedemin tedavi olduğu hastaneydi. Dedemin ameliyat gününü erkene aldıklarını haber vermişlerdi. Dedem sonraki hafta ameliyat oldu. Yaklaşık iki ay sonra ise dedemle eskisi gibi tüm günümüzü parkta geçirmeye başlamıştık.

Dedemin koruyucu meleğine çok teşekkür ederim. Dedem de ben de o zamandan beri koruyucu meleklerimizin resimlerini duvardan indirmedik..."

Elif'e bu güzel paylaşımı için çok teşekkür ediyorum. Elif, koruyucu meleklerle beş yaşında bağlantıya geçmiş ve onlara kalbinden geldiği gibi mektup yazıp, onları çocuk gözüyle gördüğü gibi resimlendirmiş ve isteğine ulaşmış. Sizler de koruyucu meleklerinize mektup yazabilirsiniz. Elif'in örneğinde gördüğümüz gibi açık ve net bir dille ifade etmek gerekiyor. Ne istediğinizi ve sorununuzu açık bir şekilde ifade etmeniz çok önemlidir.

Elif mektubunu yazmadan önce koruyucu meleklerin resimlerini çizmişti. Sizler de mektubunuzu yazıp, dileğinizi iletirken onları zihninizde resmedebilirsiniz. Koruyucu meleğinize yazdığınız mektubu dileğiniz gerçekleşene kadar atmayın ve lütfen inancınızı yitirmeyin.

Yaptığım araştırmalarda koruyucu meleklerle bağlantıya geçen pek çok insanın dileklerinin gerçekleşmiş olduğunu gördüm. Onlara ulaşmak ve bağlantıya geçebilmek için diğer bir yöntemse onlara dileklerinizi sesli olarak ifade etmektir. Ona konuşarak dileğinizi ifade edebilirsiniz.

Bir diğer yöntemse tamamen zihinsel olarak çağrıya geçmektir. Meleklerle bağlantıya geçenlerle ilgili olarak dünya çapında yaptığım araştırmalarda meleklere zihinsel olarak ulaşmanın da çok etkili bir yöntem olduğunu gördüm. Onlara isteklerinizi düşünerek iletebilirsiniz. Meleğinizi yine zihninizde resmedin ve ona dileklerinizde bu resim üzerinden ulaştırmaya çalışın.

Koruyucu meleğinize zihinsel olarak erişebileceğiniz bu çalışmayı gün içinde ya da geceleri kolaylıkla uygulayabilirsiniz. Örneğin kısa bir süre sonra çok önemli bir sınava gireceksiniz ve bu sınav sizin yaşamınızda dönüm noktası niteliğinde. Gün içinde sınava hazırlanırken, arada verdiğiniz molalar sırasında on dakikanızı ayırıp koruyucu meleğinize ulaşabilirsiniz.

Gözlerinizi kapatın ve nefesinizi, derin bir şekilde burundan alıp, ağızdan vermeye başlayın.

Bu çalışmayı oturarak ya da uzanarak yapabilirsiniz.

Rahatlayın ve zihninizi boşaltın. Bu sırada nefes almaya devam edin.

Aklınızın tamamen boşalmasına ve orada boş bir alan açılmasına odaklanın.

Şimdi o boşluğun enerjisi, ışığı ve güzelliğiyle koruyucu meleğinizin sarmasına izin verin.

Onu görün, orada olduğunu ve size yardım etmek için hazır beklediğini hissedin.

Şimdi amacınıza yoğunlaşın.

Tek amacınız sınavdan iyi sonuç almak. Açık ve net biçimde isteğinizi zihninizde bildirin.

Koruyucu meleğinizin sizi duyduğunu birkaç çalışma sonrasında kolaylıkla fark edebiliyorsunuz.

Lütfen her çalışmanın sonunda onlara duyduğunuz minnet ve teşekkürü iletmeyi unutmayınız.

Sevgili okurlarım lütfen unutmayın, melekler biz onları davet etmediğimiz sürece bizden davet beklemeye devam edeceklerdir. Çünkü biz insanlar özgür irade sahibi ruhlarız. Yani istememiz, kabul etmemiz ve onay vermemiz gerekmektedir. O hâlde koruyucu meleğinizin yardımını istemeli, onu kabul etmeli ve ona size yardım etmesi için onay vermelisiniz. Melekler ise tersine özgür irade sahibi değildirler. Allah'ın onlara verdiği görevleri yerine getirirler.

Sevgili okurlarım ayrıca sizi koruyucu meleklerinizle bağlantıya geçerken yaşayabileceğiniz kopukluklar konusunda uyarmak isterim. Bazı okurlarım, bana sıklıkla bağlantı konusunda sorun yaşadıklarını ya da meleklerin titreşimlerini hissedemediklerini söylüyorlar. Bazı okurlarımsa melek bağlantılarında kokular alabildiklerini, ışık gördüklerini, rüya yoluyla sorularının yanıtlarını bulduklarını söylüyorlar. Ancak onlar da hemen ilk çalışmada bu seviyeye ulaşmıyorlar. Blokelerini çözdükten, negatiflerini arındırdıktan sonra bu hislerin güçlendiğini söylüyorlar.

Siz onların varlığını hissetmekte sorun yaşasanız bile, onların geldiğinden, sizi duyduğundan ve size yardım etmek için hazır olduklarından en ufak bir şüpheniz olmasın. Merak etmeyin, onlar sizi duyuyor ve size yardım etmek istiyor. Yani onların varlığını hissedemiyor olmanız onların yanınızda olmadığı anlamına gelmiyor. Yanınızdalar fakat sizdeki blokeler bağlantıyı hissetmenize engel oluyor.

Sevgili okurlarım bu blokeler stres, üzüntü, hastalık ve daha pek çok negatif sayesinde oluşuyor. Bu blokeler yaşam enerjimizi günden güne daha fazla almaya ve bizi robotlaştırmaya başlıyor.

Şimdi sizlerle koruyucu meleğinizle çalışabileceğiniz çok özel bir yaşam enerjisi uygulamasını paylaşmak istiyorum.

KORUYUCU MELEĞİNİZİN YARDIMI İLE YAŞAM ENERJİSİ

Sevgili okurlarım, eminim pek çoğunuz kolay yorulmaktan, hastalıklara karşı dirençsiz olmaktan, sevinç duygusunu, coşkuyu hissedememekten, bıkkınlıktan ve geleceğe yönelik kaygılardan, umutsuzluktan şikâyet ediyorsunuz. Ben pek çok okurumdan bu tür sorunları olduğuna dair mesajlar almaya devam ediyorum. Yaşam enerji çalışmasını kitabıma bu nedenle eklemek istedim. Sizlerin birinizin bile şifalanmasına en ufak bir katkım olacaksa inanın bu beni çok mutlu eder.

Yaşam enerjisi, üst üste katlanan negatif duygu ve negatif anlarla katlanarak azalmaya devam eder. Bu nedenle öncelikle çevrenizdeki yaşanan her türlü negatifliğin, öfkenin, kavganın, sevgisizliğin, umutsuzluğun birer yanılsama olduğunu lütfen unutmayın. Gerçek olan tek şey sevgi ve sevginin getirdiği pozitif enerjilerdir. Sevgi enerjisi sizi yaşama bağlar. Sevgi size umut verir. Yani tek gerçek sevgidir. Çevrenizde size karşı büyük hatalar yapmış olan insanlar varsa bile onları sevmeye çalışmalısınız. Çünkü siz maalesef ki duyduğunuz her sevgisizliği her öfkeyi yine kendinize yansıtıyorsunuz. Yani hislerinizle, düşüncelerinizle yansıttığınız negatif enerji size geri dönüyor. Bu nedenle yaşam enerjinizi alan, yaşam enerjinizi azaltan en önemli etkilerden en önemlileri sevgisizlik ve öfke oluyor. Sevgili okurlarım, melekler saf enerji ve saf sevgi varlıklarıdır. Koruyucu meleğinizden sahip olduğu saf sevgiyi ve saf enerjiyi size kanalize etmesini isteyebilirsiniz.

Yaşam enerjinizin düştüğünü en çok günün yoğunluğu azaldığında ve akşam olup sakinleştiğinizde, kendinizle yalnız kaldığınızda fark edersiniz.

Çok yoğun bir gün geçirmediğiniz hâlde yorgun, nedenini bildiğiniz hâlde üzgün müsünüz?

İçinizden hiçbir şey yapmak gelmiyor, sadece oturup zamanın geçirmesini mi istiyorsunuz?

En ufak bir söz ya da bir davranış sizi öfkelendirmek için yeterli mi oluyor?

Artık gelecek günlere umutla bakmıyor, gelecekten bir şey beklemiyor musunuz?

Planlarınızı hep erteliyor, sadece günü yaşamak mı istiyorsunuz?

Hastalıklara olan direnciniz azalıyor mu?

Çabuk ve sıklıkla mı hastalanıyorsunuz?

Eğer bunları yaşıyorsanız lütfen yaşam enerjinizi yükseltmek için bu çalışmayı uygulayın. Bu belirtiler sizin eterik bedeninizi negatif etki altına alıp güçsüzleştirerek, hastalıklara karşı açık ve savunmasız olmanıza neden olacaktır.

MELEK MUCİZELERİ

Allah'ın mucizelerini, koşulsuz sevgi ve merhametini yeryüzüne taşıyan melekler, insanlık ve dünya tarihinde pek çok farklı kültürde karşımıza çıkmaktadır. Meleklerle ilgili kayıtlardan en eski olanlarından biri de Fırat NEHRİ havzasında yapılan kazılarda bulunan tabletlerde tespit edilmiştir. Bu tabletlerden birinde kanatlı bir varlığın gökyüzünün yedi katından süzülerek yeryüzündeki krala yaşam suyu taşıdığı resmedilmiştir.

Mezopotamya'da yapılan araştırmalardaysa yarı insan olan kanatlı varlıkların çizimlerine ulaşılmıştır. Mısır'da Tanrıça İsis melek kanatlarıyla tasvir edilmiş ve onun bu kanatları sayesinde gökyüzüne uçabildiği kayıt edilmiştir. İsis'in melek figürü Tutankamun'un mezarının sağ kapısında bulunmaktadır ve onun meleksi varlığıyla Firavun Tutankamun'un ruhunu koruduğuna inanılmıştır. Ayrıca yine Eski Mısır inancına baktığımızda, her insanın dünyaya doğaüstü ikiziyle doğduğu ve yaşamı boyunca doğaüstü ikiziyle birlikte yaşadığı inancını görmekteyiz. Bu doğaüstü varlığın her insanın sahip olduğu koruyucu melek olabileceği yönünde tespitler bulunmaktadır.

Meleklere yönelik yaptığım tarih öncesi araştırmalarda onların varlığına ve insanların melek varlıklarla bağlantıda olduklarını tespit ettim. Eski ve Yeni Ahit öncesi Asya'daki pek çok farklı kültürde insanların meleklerle bağlantıya geçtiklerine dair kanıtlar bulunmuş ve melekler yine haberciler olarak ifade edilmiştir. Melekler ayrıca Budizm öğretilerinde de yer almaktadır. Budizm melekleri parlayan ve ışık saçan varlıklar olarak tanımlamış ve onlara 'deva' demişlerdir. Budizme göre bu ışık varlıkları insanları kurtaramaz ve insanın kurtuluşu ancak tam olarak aydınlanmayla gerçekleşebilir.

MELEKLERLE ŞİFA ÇALIŞMALARI

Sevgili okurlarım, sizlerle melekler şifasını paylaşmadan önce hepinize altın meleklerin kanatlarında acil altın enerji şifaları dileyerek sözlerime başlamak isterim. İlk bölümlerden itibaren sizlere meleklerinizden her konuda yardım alabileceğinizi ifade etmeye çalıştım. Eski çağlardan bugüne insanlar meleklerin şifalarından yararlanmış ve melekleri günlük yaşamlarına dâhil etmişlerdir.

İnsanlık tarihinin en eski şifacıları, en eski doktorları olan Şamanlar da şifa çalışmalarında göksel, kanatlı varlıklardan yardım almışlardır. Şamanlar, kanatlı varlıkları insanlara yardım eden ve mesaj getiren varlıklar olarak simgelemişlerdir. Yaptığım araştırmalarda şaman tarihinde, meleklerin şifacılık ve göksel haberleri almak açısından önemi olduğunu gördüm.

Şamanlar, şifacılık ve göksel bağlantılarında meleklerle birlikte çalışıyorlardı. Şaman tarihinde melekler insanlara karşı büyük sevgi duyan ve onları korumak isteyen varlıklardı. Çok güzel ve hikmet sahibiydiler. Şaman şifacılarsa kanatlı meleklerden ve bilge ruhlardan yardım alarak çalışıyorlardı.

Sizler de duygusal, fiziksel hastalıklarınız için meleklerden yardım alabilirsiniz. Sevgili okurlarım, şifa melekleriyle çalışabileceğiniz farklı yöntemler ve uygulamalar vardır. Aslında şifa meleklerinin sayısının çok fazla olduğunu biliyoruz, ancak hepsinin ismini ve bağlı olduğu sistemi bilmek pek kolay değil. Meleklerin sayısını ve tam olarak isimlerini bilmemiz

neredeyse imkânsız. Ancak başmelekler bölümünde de değindiğim gibi Başmelek İsrafil şifa meleklerinin öncüsüdür. Başmelek İsrafil ve onunla çalışan meleklere çağrıda bulunabilirsiniz.

Öncelikle fiziksel bedenlerinizin çok kırılgan ve çok güçlü çekim alanlarına sahip olduğunu unutmamalısınız. Düşünceleriniz, duygularınız, çevrenizden aldığınız negatif etkiler bir süre sonra dışavurumunu vücudunuzda hastalıklar olarak yansıtıyorlar. Yine aynı negatif etkilerle zayıflayan eterik bedeninizdeyse yırtıklar oluşuyor ve bu yırtıklar mikropların geçişine olanak sağlıyor.

Fiziksel bedeninizle zihniniz, ruhunuz, duygu ve düşünceleriniz sürekli temas hâlinde olduğundan fiziksel bedeninizin hastalanmak üzere olduğunu hissedersiniz. Bu süreci engellemek, önden yapılacak kurtarıcı bir tedavi niteliğindedir. Eğer hasta olmak üzere olduğunuzu hissediyorsanız Başmelek İsrafil önderliğindeki tüm şifa meleklerinden hastalığınızı engellemeleri için çağrıda bulunabilirsiniz.

"Başmelek İsrafil ve diğer melekler, Allah'ın izniyle negatif etkiler nedeniyle beni etkisi altına almak üzere olan hastalığın benden uzaklaşması için yardım edin. Size minnettarım ve teşekkür ederim."

"Başmelek İsrafil ve diğer melekler, Allah'ın izniyle fiziksel bedenimi etkisi altına almak isteyen tüm negatifliklerden arınmam ve eterik bedenimin güçlenmesi için bana yardım edin. Beni yeşil şifa enerjisi koruması altına alın. Size minnettarım ve teşekkür ederim."

Melekler tarihinde şifa melekleri sisteminde çalışan Melek Assiel hakkında yaptığım araştırmalarda melek Assiel'in su kanalıyla çalıştığını tespit ettim. Melek Assiel'in şifasını alabilmek için sizlerle bir bağlantı çalışması paylaşmak istiyorum. Bu çalışma yardımıyla daha hızlı ve kolay çağrı yaparak bağlantıya geçebilirsiniz. Melek Assiel'in şifa enerjisini kendiniz ve yakınlarınız için isteyebilirsiniz.

Bağlantı çalışmasına başlamadan önce rahatsız edilmeyeceğiniz bir yer belirlemeniz gerekmektedir. Ayrıca melek Assiel ile şifa çalışmasını gece uygulamanızı tavsiye ediyorum. Bu çalışma sırasında yanınızda bir sürahi ya da bardakta su bulundurabilirsiniz. Bunun nedeni melek Assiel'in su kanalıyla ulaşmasındandır. Çalışma sırasında çiçek ve okaliptüs kokularından da faydalanabilirsiniz.

Şimdi gözlerinizi kapatın ve melek Assiel'e yoğunlaşmaya başlayın. Melek Assiel'i zihninizde imgeleyebilir ya da onu sadece ışık olarak düşünebilirsiniz. Ben melek Assiel'e çağrıda bulunurken onu su gibi kanatlarıyla bembeyaz bir melek olarak imgeliyorum.

"Melek Assiel, sen Allah'ın şifa meleklerindensin. Su kadar güzel, su kadar arındıransın. Lütfen bana gel ve su gibi şifalarını bana ulaştır. Sana minnettarım ve teşekkür ederim."

"Melek Assiel, sen Allah'ın şifa meleklerindensin. (Burada ağrıyan veya hasta olan bölgenize dokunmanızı rica ediyorum) ağrılarımı, acılarımı enerjinle şifalandır. Sana minnettarım ve teşekkür ederim."

"Melek Assiel, sen Allah'ın şifa meleklerindensin. Lütfen gel ve bana (ya da yakınınıza da melek Assiel aracılığıyla şifa ulaştırabilirsiniz) yakınıma su gibi akan yeşil şifa enerjilerini ulaştır. Sana minnettarım ve teşekkür ederim."

Sevgili okurlarım, sizlerle paylaştığım bu çağrıları geliştirebilir, farklılaştırabilirsiniz fakat çağrılarda Allah'ın ismini kullanmayı ve meleklerinize teşekkür etmeyi lütfen unutmayınız. Şifalar ve mucizelerin hepsi en öncelikle Allah'ın katındandır. Melekler ise bu enerjileri yeryüzüne ulaştırmakla görevlidirler ve koşulsuz, şartsız yüce Allah'a bağlıdırlar.

Melek Assiel'e çağrıda bulunduktan sonra hasta olan bölgenize odaklanın ve melek Assiel'in su şifasını o bölgede hissetmeye çalışın. Gözleriniz kapalı olsun ve zihninizde onun yeşil şifa enerjisini görmeye çalışın. Bu enerji hasta olan bölgenizden yayılarak tüm bedeninizi sarıyor.

Melek Assiel'den eğer bir yakınınızın şifalanması için çağrıda bulunuyorsanız, bu kez melek Assiel'in su şifasını yakınınızın hasta olan bölgesi üzerinde imgeleyebilirsiniz. Zihninizde onun yeşil şifa enerjisini resmedin ve hasta yakınınıza yoğunlaşın.

Bir süre enerjinin sizi şifalandırmasına izin verin. Bırakın melek Assiel, size ya da yakınınıza enerji aktarmaya, kanal olmaya devam etsin. Ne zaman bırakmanız gerektiğini hislerinize yoğunlaşarak anlayabilirsiniz. Fakat bu tür çalışmalarda yeni olan okurlarım, yaklaşık on beş ya da yirmi dakikalık sürelerle bağlantı kurabilirler.

Bu çalışmanın ardından bağlantı süresince yanınızda bulundurduğunuz sudan içebilirsiniz. Melek Assiel ile çalıştığınızda yanınızda olan suya enerji aktarımı yapabileceğine dair inançlar vardır. Melek Assiel suyla bağlantıda olduğundan bu duş sizin hastalıklardan arınmanızda etkili olacaktır. Eğer yakınınıza yoğunlaşarak çalıştıysanız ona çalışmayı bitirdiğinizi haber verebilir ve kaya tuzu (eğer yoksa normal tuz) kullanarak yıkanmasını önerebilirsiniz. Tuz arındırıcıdır. Evde bulundurduğunuz ya da üzerinize taktığınız kristallerin, doğal taşların topladıkları negatif enerjinin arınmasında da tuz kullanmanızı tavsiye ederim.

Meleklerle bağlantı çalışmalarını tarih öncesi mistiklerin neden geceleri ve özellikle dolunay zamanlarında yaptıklarına dair bir araştırma yapmıştım. Geceleri ve dolunay geçişlerinde ayın enerjisi yüksek oluyor ve dünya gezegenine yansıyan bu yüksek enerji insanları ve doğayı etkiliyor. Bu güçlü enerjiyi pozitif olarak yansıtmak elimizde ve meleklerimize geceleri dolunay zamanlarında çağrıda bulunduğumuzda, enerjimiz yüksek olduğu için bağlantımız da hızlı ve güçlü olabilecektir.

Sevgili okurlarım, şamanların tarihine baktığımızda onların da şifa çalışmalarını dolunayda uygulamaya özen gösterdiklerini görüyoruz. Güneşi insanların babası, ayı ise annesi olarak kabul ediyorlardı. Ayrıca şamanlar dolunay aracılığıyla evrenin güçlü enerjisinin insanlara yansıdığına inanıyorlardı.

Melek Assiel ile şifa bağlantısı çalışmasını sizler de uygulayabilirsiniz. Bu çalışma sırasında ametist kristalini de çağrı yaptığınız alanda bulundurabilirsiniz. Ametist, taşlar literatüründe şifa taşıdır. Evrenin şifa enerjisinin aktarımını sağlayan ametist kristalini ilerleyen sayfalarda sizlerle paylaşacağım meleklerle şifa bağlantıları sırasında kullanabilirsiniz.

Şimdi sizlerle ametist kristali ve meleklerle şifa bağlantısı hakkında yaşanmış bir hastalık mucizesini paylaşmak istiyorum. Migren hastası olan arkadaşım bakın meleklerin yardımıyla nasıl şifalandı...

Aslen Fransız olan Aline, İtalya'da yaşıyor ve bir kadın mağazasında tezgâhtar olarak çalışıyor. Onunla ilk tanıştığımda feci derecede baş ağrısı çektiğini anlamıştım. Sürekli eli başındaydı ve konuşmakta bile güçlük çekiyordu. Ona sorunun ne olduğunu ve nasıl yardım edebileceğimi sorduğumda, bana kronik migren hastası olduğunu ve aldığı ilaçların bile artık pek işe yaramadığını anlattı.

Çantamda ametist kristalim vardı ve hemen çıkarıp Aline'e gösterdim. "Bu taşı boynunda taşıyabilir ya da yanında bulundurabilirsin. Şifa taşıdır ve sana şifa verecektir" dedim ama pek ilgilenmiş gibi görünmüyordu.

"Ben bu tür şeylere inanmam" dedi, açık bir şekilde.

"Meleklere inanır mısın?" diye sordum ve ona yazar olduğumu, melekler üzerine çok sayıda araştırmam yaptığımı, pek çok şifa mucizesine tanık olduğumu anlattım.

Beni dikkatle dinledi ama yine de ikna olmuşa benzemiyordu. "Bilmiyorum, melekler hakkında bazı şeyler duymuştum ama acaba gerçek mi?" diye sordu.

"Bunu deneyebilirsin" dedim ve ona çok minik bir şifa çalışması önerdim. "Gece uyumadan önce meleklerine çağrıda bulunabilir ve onlardan başındaki kronik migren ağrının şifalanması için sana destek olmalarını isteyebilirsin" dedim ve melek çağrısını bir çantamdan çıkardığım not kağıdına yazıp Aline'e verdim.

Deneyeceğini söylemişti ama pek de inançlı görünmüyordu. Oysa ben onun şifalanacağını hissediyordum. Ona telefon numaramı ve mail adresimi verdim ve gelişmeleri bana haber vermesini istedim. Aradan üç gün geçmişti ki sabah telefonum çaldı. Arayan Aline'di.

"Merhaba, Aksu Hanım" dedi ciddi bir sesle. "Bende bir değişim var ama nedenini anlayamadım."

"Nasıl bir değişim?" diye sordum.

"Sanırım başım eskisi kadar ağrımıyor ve uzun yıllardır ilk defa dün gece bir rüya gördüm" dedi.

Rüyasında ne gördüğünü sorduğumda ölmüş bir yakınını gördüğünü ve ona elinde bir taşla yaklaştığını söyledi.

"Taş mı?" diye sordum. Şaşırmıştım.

"Evet, mağazaya geldiğinizde bana tavsiye ettiğiniz şifa taşının aynısıydı" dedi.

"Güzel" dedim, yüzümde beliren kocaman bir gülümsemeyle. "Sence bunun anlamı ne?" diye sordum.

"Yakınım dediğim dedemdi ve bana sizin bana gösterdiğiniz taşın aynısından uzatıyordu. Taşı dedemin elinden aldım. O anda taş daha bir güçlü parlamaya başladı. O kadar çok parlıyordu ki, ona bakamıyordum. Sonra dedem bana, 'Melekler seni duyuyor' dedi. Sanırım dedem bana gittiği yerden mesaj getirmiş olmalıydı. Gece yarısı uyandığımda heyecan içindeydim. Hatta ilk aklıma gelen şey sizi aramak olmuştu ama o saatte rahatsız etmek istemedim."

"Peki ne hissediyorsun?" diye sordum.

"Kendimi garip bir biçimde çok iyi hissediyorum. Üstelik meleklere çağrılar yapmaya başladığım günden beri başımdaki ağrılar da azaldı. Dedemi çok severdim. Çocukluğumun büyük bir kısmını dedemle birlikte oyunlar oynayarak geçirmiştim. Bana çok güzel hikâyeler anlatırdı ve onun anlattığı hikâyeleri şimdi ben çocuklarıma anlatıyorum. Dedem benim en çok güvendiğim insan olmuştu. Bu nedenle on yedi yaşına gelene kadar her sırrımı önce onunla paylaşırdım. Ne yazık ki onu on yedi yaşımda yitirdim. Onu kaybetmek benim için büyük bir boşluk olmuştu. Yıllarca onu çok özlemiş, sırlarımı paylaşacak ondan daha güvenilir birini bulamadığım için büyük boşluk yaşamıştım ve bugüne dek onu hiç rüyamda görmemiştim. Zaten bu kadar açık bir rüya gördüğümü de hiç hatırlamıyorum. Rüyalarım hep pusludur ve hatırlamakta güçlük çekerim. Sizce bunun anlamı nedir?"

"Bence bir an önce bir ametist kristali almalı ve melek çağrılarına devam etmelisin. Böylece hem migren hastalığının şifalanmasını, hem de rüya bağlantılarının güçlenmesini sağlayacağını düşünüyorum. Deden sana ametist kristali uzatıyorsa, sanırım ona güvenebilirsin" dedim gülümseyerek.

"Haklısınız, ona güvenebilirim."

Bayan Aline, dedesini yitirdikten sonra en güvendiği insanı ve en sevdiği sırdaşını yitirmenin acını yaşamıştı. Bu onun yaşamına güvensizlik ve inançsızlık olarak yansımıştı. Bu güvensizlik ise onda negatif blokların oluşmasına neden olmuştu. İşte bu negatifliklerin melek yardımlarıyla yıkılması onun hem ruhsal, hem de fiziksel olarak şifalanmasına yardımcı olmuştu. Melekler, Aline'in en güvendiği insanın dedesi olduğunu biliyorlardı ve bu nedenle ona dedesi aracılığıyla ulaşmak istemiş olabilirlerdi. Aline şimdi yanında bir ametist kristali taşıyor ve boynuna çok güzel bir kuvars koruma kristali takıyor.

Taşlar konusunda benden yardım istemişti ve ona seçimleri konusunda yardımcı olmaya çalıştım. Artık migren ağrıları için daha az ilaç kullanıyor. Rüya bağlantıları için ise meleklerine çağrı yapmaya devam ediyor ve gördüğü rüyaları mail atarak benimle paylaşıyor. Aline inanmayarak yola çıksa da şifalanması için inanca ihtiyacı olduğundan melekler ona en güvendiği insan olan dedesiyle yardımcı olmaya çalıştılar. Aline meleklerine minnettar ve çok teşekkür ediyor...

Evet, sizler de inanmıyor, acaba gerçekten şifalanır mıyım diye düşünüyor olabilirsiniz. Bazen sadece denemek bile yeterli olabiliyor. O hâlde siz de deneyin. Kendiniz için, yakınlarınız için şifa çağrısında bulunun. Şifa çalışmalarınız sırasında rüya bağlantıları da kurmanız mümkün. Sadece açık olmanız ve sonucu görmek için beklemeniz yeterli olacaktır. Melekleriniz zaten size ulaşmanın bir yolunu bulurlar.

MELEKLERLE YAŞAM ENERJİSİ ÇALIŞMASI

Yaşam enerjisi çalışmasını yedi gecelik dönemler olarak uygulayabilirsiniz. Bu çalışma için sakin ve rahatsız edilmeyeceğiniz bir yerde olmayı tercih etmelisiniz. Çalışmanızda melek taşı olarak da bilinen selenit kristalini kullanmanızı tavsiye ediyorum. Selenit kristalinin yazılı tarihi on beşinci yüzyıla dayanmaktadır. Atlantis ve Lemurya medeniyetlerinde kullanıldığı da yaptığım araştırmalarda ulaştığım kayıtlar arasındadır.

Ayrıca şifacı şamalarda göksel varlıklarla, melek varlıklarıyla bağlantıya geçme çalışmalarında selenit kristalini kullanmışlardır. Üçüncü göz çakrasını temsil etmektedir ve titreşimi çok güçlüdür. Zihninizi boşaltmanıza, negatif akımlardan arınmanıza, koruyucu meleklerinizle bağlantıda kalmanıza yardımcı olur. Meleklerle bağlantıya geçtiğiniz tüm çalışmalarda selenit kristalinden destek alabilirsiniz.

Yaşam enerjisi çalışmasına başlamadan önce lütfen kristalinizi hazır bulundurun. Kristali temin edemeyen okurlarımsa çalışmayı kristal yardımı olmadan da uygulayabilirler. Bu nedenle lütfen endişe etmeyin ama olması durumunda çalışmanızı hızlandıracaktır.

Gözlerinizi kapatın ve yoğunlaşmaya çalışın. Yaşam enerjinizi, yaydığınız ruhsal ve duygusal titreşimlerle belirliyorsunuz.

O hâlde ilk yedi günlük aşamada lütfen sizi aşağıya çeken, enerjinizi düşüren duygu, durum ve koşullara yoğunlaşmaya çalışın. Örneğin, kötü giden bir ilişki, sevmediğiniz iş ortamı ya da maddi sorunlar gibi...

Zihninizde tüm bu sorunları belirlemeniz gerekiyor. Artık yaşam enerjinizi düşüren tüm bu sorunlar zihninizdeyse şimdi o sorunları aşabilmek için meleklerinizi davet edin. Koruyucu meleğinize, altın meleklere, başmeleklere, kanalına ulaştığınız sorununuza destek olacak olan meleklere çağrıda bulunabilirsiniz. İlerleyen bölümlerde sorunlarınıza göre çağrıda bulunabileceğiniz melekleri seçebilirsiniz.

Şimdi lütfen, zihninizde çağrı yapmaya devam edin ve meleğinizi zihninizde resmedin. Kanatlarını, etrafını saran enerjiyi zihninizle görmeye çalışın.

Meleğiniz tam önünüzde duruyor. Enerjisini hissetmeye çalışın.

Melek enerjisi sarıyor. Tüm sorunlarınızı alıyor ve ışığıyla, sevgi enerjisi ile sorunlarınızı yok ediyor. Enerjinin gücü tüm o zihninizde sıraladığınız, bugüne dek biriktirdiğiniz sorunlarınızı yok ediyor.

Bunu lütfen imgelemeye devam edin. Bu enerji sizi şifalandırıyor.

Şimdi derin nefesler alın ve yeniden zihninize yoğunlaşın. Meleğinize yaşam enerjisine ihtiyacınız olduğunu zihninizden yani telepatik olarak iletin.

O sizi duyabiliyor, sakın endişe etmeyin.

Böylece tüm eterik bedeniniz meleğinizden yansıyan sevgi enerjisi ile sarılıyor.

Bekleyin ve onu hissetmeye devam edin.

Ruhunuz ve kalbiniz sevgi enerjisi ile doluyor. Gözlerinizi açmadan önce meleklerinize teşekkür etmeyi ve minnetinizi ifade etmeyi sakın unutmayın. Artık gözlerinizi açabilirsiniz.

Yedi gece boyunca aynı şekilde çalışmaya devam edebilirsiniz. Sonundaysa yedi gün ara verebilir ve başta açıklamaya çalıştığım gibi kendinizi kötü hissediyorsanız yine bir yedi gece daha aynı yöntemi uygulayabilirsiniz.

Yaşam enerjisine biz insanlar kadar zaman zaman hayvan ve bitkilerin de ihtiyacı olabiliyor. Sizlerle yaşam enerji çalışması uyguladığım bir hayvan mucizesini paylaşmak isterim. Çok nazlı bir kediciğin hikâyesi... Yan bahçemizde birkaç yıl kadar önce yavru sarı beyaz bir kedi bulmuştum. Annesi yoktu. Büyük ihtimalle onu bırakıp gitmiş ya da yavru kedicik yolunu kaybedip oraya gelmişti. Zavallının kimsesi yoktu. Bir gece miyavlamalarıyla beni uykumdan uyandırmıştı. Gece yarısı karanlıkta onu elimdeki fenerle arayarak güçlükle bulabildim.

Tabii ilk yaptığım şey onu veterinere götürmek olmuştu. Sonra ona uygun yiyeceklerle bakımını sürdürmeye devam ettim. Aradan birkaç ay geçtiğinde artık büyümeye başlamıştı. Oldukça sağlıklı görünüyordu ve veteriner de onun durumunun çok iyi olduğunu söylüyordu, fakat ters giden bir şeyler vardı. Diğer kedilerden çok korkuyor, ona verdiğim oyuncaklarla oynamıyor ve sessizce bir köşede yatıyordu. Bu durum onun kadar küçük bir kedi için hiç de alışılmış değildi. Sanki küçük kediciğin yaşam enerjisi yoktu ve mutlu değildi. Evet, bu küçük, dünyalar güzeli kedicik mutlu değildi. Sadece hayatta kalmak için yemek yiyor ve öylece oturuyordu. O insan olsa yardımcı olmak çok daha kolay olurdu ama ona nasıl ulaşacaktım? Meleklerimden yardım almaya ve yaşam enerjisi için aracı olmalarını istemeye karar verdim. İçimden bir ses meleklerime mektup yazmam gerektiğini söylüyordu. O gece hemen oturup güzel bir mektup yazdım ve kediciğin yattığı minderin altına mektubu koydum. Bu sırada gözlerini kocaman açmış beni seyrediyordu. Mektubu dikkatle izledi ve onu minderin altına koyuşuma baktı. Bir şeylere neredeyse ilk defa bu kadar çok dikkat kesildiğini görüyordum. Kesinlikle doğru yolda olduğumu hissediyordum. Mektubu minderin altına koyduktan sonra ona şifa enerjisi verdim ve meleklerin yanına gelip ona yaşam enerjisi yüklemelerini diledim.

Yedi gece boyunca aynı şekilde her gece çağrıda bulundum ve minderin altından mektubu almadım. Sevgili okurlarım, yedi gece çalışmıştım ve yedi gecelik çalışmanın üzerinden iki gün geçmişti. Hâlen bir değişim yoktu ama ben sabırlıydım ve düzeleceğine inanıyordum. O akşam, kedicik yemeğini yedikten sonra ben de kendi işlerime koyulmuştum. Artık onun bu hâline alışmıştım. Hareket ettirip, oyun oynamasını sağlamak için uğraşmıyor, sadece bekliyordum. Oturma odasında kalorifer peteğinin yanında duran minderinin kenarında küçük bir top vardı. Belki oynar diye onunla bırakıyordum. Gerçi o zamana kadar hiç oynadığını görmemiştim.

Kitabımı alıp koltuğa oturdum ve okumaya başladım. Kitaba dalmıştım ki, ayağımın altında bir kıpırtı hissettim. Eğilip baktığımda küçük kedicik koltukların arasında top oynuyordu. Kendini öyle bir kaptırmıştı ki, onu korkutmamak için yerimden kıpırdamadan izlemeye devam ettim. O gün, süper kedicik için milat olmuştu. Artık ona süper kedi diyoruz, çünkü o kadar hareketli ki yerinde bir an bile durmuyor. Bahçeyi birbirine katıyor, ağaçlara tırmanıyor... Teşekkür ederim meleklerim, küçük kediciğe yaşam enerjisi verdiğiniz ve onu mutlu ettiğiniz için...

Sevgili okurlarım, yaşam enerjisine sadece bizlerin değil, tüm canlıların ihtiyacı vardır. Lütfen onlar için de dilek ve istekte bulunmaya, meleklerimize çağrı yapmaya çalışalım...

MELEKLERLE BOLLUK VE BEREKET ÇALIŞMALARI

Sevgili okurlarım, içinde olduğumuz bu zor çağda eminim pek çoğunuz önce sağlık, sonra bolluk ve bereket diye düşünüyorsunuzdur. Ne yazık ki maddi sorumluklar gün geçtikçe insanların omuzlarına çok daha ağır yük olmaya başlıyor. Bu yükü biraz olsun hafifletmek, bolluğu, bereketi, başarı ve zenginliği yaşamınıza çekebilmek için meleklerinizden yardım isteyebilirsiniz. Onlara çağrıda bulunduğunuzda size mutlaka yanıt vereceklerdir. Böylece hiç beklemediğiniz zamanlarda önünüze yepyeni fırsatların çıkmasını sağlayacaklardır.

Meleklerle birebir çalıştığınızda ve belli zaman dilimlerinde onlarla bağlantıya geçtiğinizde ise sonuçları daha hızlı alabileceksiniz. Sevgili okurlarım, meleklerle bağlantı kurmak için özel güçlere sahip olmanıza gerek yoktur. Bu yüzden lütfen, ben başarabilir miyim ya da beni duyarlar mı diye bir endişeniz olmasın. Yapmanız gereken tek şey onlara temiz bir kalp ve arınmış düşüncelerle seslenmektir. Mümkünse her bağlantı öncesinde, her çağrı öncesinde zihninizi boşaltmaya çalışın.

Size zihninizi daha çabuk boşaltmanız için bir öneride bulunmak istiyorum. Ben bu tekniği meleklerle bağlantıya geçmeye başladığım ilk çalışmalarımda sıklıkla uyguluyordum ve inanın çok yararını gördüm. Umarım bu teknik yardımıyla siz de daha kolay bağlantı kurabilirsiniz.

Bu çalışma sadece birkaç dakikanızı alacaktır ve günün her saati uygulayabilirsiniz. Zihninizde devam eden düşünce kalabalığından uzaklaşmak için lütfen gözlerinizi kapatın ve sadece Allah'ın ve meleklerinin koşulsuz sevgisine odaklanın. O yüce makamlarda var olan sevginin gücünü hissetmeye çalışın. Bu sevgi var olan her şeye, canlı, cansız her varlığa karşı koşulsuzdur. Şimdi lütfen bu sevginin zihninizi meşgul eden tüm düşünce ve endişelerden arındırdığını hissedin. Sadece sevgiye odaklanın ve o sevginin ışığını imgeleyin.

Yeniden gözlerinizi açtığınızda, artık zihninizdeki o düşünce kirliliğinden arındığınızı fark edeceksiniz. Sevgili okurlarım, var olan tek gerçek göksel enerji Allah katından ve onun sevgisinden yansımaktadır. Başmelekler öncü olmak üzere, diğer tüm melek ve bilge ruhlar bu enerjiyi farklı frekans kanallarından bizlerin boyutlarına indirirler. Var olan tek gerçek enerji Allah'ın yüce enerjisidir ve her şey ondan gelmedir.

Elbette bolluk ve bereket de Allah'tandır. Allah'ın yüce enerjisini zenginlik, bolluk ve bereket frekansıyla bizlere yansıtanlarsa yine Allah'ın melekleridir. Biliyorsunuz, onlar hiç durmadan, ara vermeden çalışmaya, taşımaya, indirmeye ve yaymaya devam ediyorlar. Yani bu enerji var ve sonsuz. O hâlde sizin yapmanız gereken onu davet etmekten başka bir şey değildir. Çünkü sizler özgür irade sahibisiniz. Bu irade size sunulmuştur. Yani bu demektir ki, enerjiyi davet etmek ya da etmemek yine size kalmıştır.

Eğer yaşamınızı değiştirmek ve zenginliği davet etmek istiyorsanız o hâlde birlikte çalışabiliriz. Öncelikle meleklerinizle bağlantıya geçmeden önce yapmanız gereken bir çalışma var.

Zenginlik, bereket ve bolluk içindeyim.

Allah'ın yüce enerjisi bana ihtiyacım olan tüm bereketi sunuyor.

Meleklerim kanatlarında bana zenginlik taşıyorlar.

Artık pek çok şans ve fırsat benimle...

Paramın bereketi tüm yaşamımı sarıyor.

Allah beni seviyor ve bana ihtiyacım olan bereketi melekleri aracılığıyla sunuyor.

Zihninizi sevgi ışığıyla arındırdıktan sonra kararlı olduğunuzu bu şekilde ifade edebilirsiniz. Siz bolluk, zenginlik ve refah için kararlısınız. Tüm bunları yaşamınıza davet etmek ve meleklerinizin size yardım etmesini istiyorsunuz. Aklınızdaki en ufak bir şüphe enerjinizin yanlış kanalize olmasını ve etkinin azalmasını sağlayacaktır. Bu nedenle lütfen size yukarıda verdiğim maddeleri tekrar edin ve böylece blokelerinizin çözülmesini sağlayın.

Bu çalışmayı fırsat bulduğunuz günün her saati uygulayabilir ve ardından meleklerinizden yardım istemeye başlayabilirsiniz. Şimdi sizlerle zenginlik, bolluk, bereket frekansını taşıyacak olan melek isimlerini paylaşmak isterim. Melekler tarihinde, farklı kültür ve dinlerde yaptığım araştırmalarda bolluk ve bereketin önemli bir ismi olarak melek Raziel'e rastladım.

Melek Raziel dinlerde başmelek olarak tanımlanmış. Allah'ın gizemi olarak ifade edilen melek Raziel'e bu unvan, evrenin sırlarını bilmesinden ötürü verildiği ifade edilmiştir. Melek Raziel'in bir de kitabı olduğu ve bu kitaba evrenin sırlarını kaydettiği de kayıtlar arasındadır. Sevgili okurlarım, bu sırların arasında zenginliğin şifresi de var.

Yine melekler literatüründe karşıma çıkan diğer bir isim melek Gadiel oldu. Melek Gadiel'in isminin anlamı, "Benim zenginliğim Allah'tır." Melek Gadiel isminin anlamı nedeniyle sizler için direkt olarak zenginlik kanalı açabiliyor. Bu nedenle, ona günün her saati seslenebilirsiniz.

"Melek Gadiel, sen Allah'ın zenginliğisin. Allah'ın izni ile lütfen bu zenginliğin bana ulaşmasını sağla. Sana minnettarım ve teşekkür ederim."

"Melek Gadiel, Allah'ın izni ile evime senin kanalınla bolluk, bereket ve zenginliğin akmasını sağla. Sana minnettarım ve teşekkür ederim."

"Melek Gadiel, sen Allah'ın zenginliğisin. Allah'ın izni ile ihtiyacım olan bolluğun, bereketin bana kanal olmasını sağla. Bu bereket tüm yaşamımı sarsın. Sana minnettarım ve teşekkür ederim."

Sevgili okurlarım, sağlayacağınız tüm melek bağlantılarında ve yapacağınız her çağrıda öncelikle kendinizden ne istediğinizden emin olmalısınız. Ne istediğinizi bildiğiniz, zihninizi endişelerden, düşünce kalabalıklarından, korku ve acabalardan arındırdığınız sürece melekler aracılığıyla Allah'ın sizler için sunduğu sonsuz hediyelere sahip olabilirsiniz.

Bu hediyeleri yaşamınıza çekmek için yapabileceğiniz diğer bir çalışmaysa meleklerinize yazarak ulaşmaktır.

Sevgili okurlarım, neyi istediğinizden emin olmanız birinci önceliğiniz. Lütfen çalışmanıza başlamadan önce size yukarıda sunduğum bolluk, bereket, zenginlik olumlamasını uygulayın.

İkinci adımdaysa bolluğun, bereketin, zenginliğin size ait olduğunu, sizin olduğunu düşünmeniz gerekiyor.

Meleklerinize çağrıda bulunduktan sonra, artık size gelecek olan sonuçlara yoğunlaşın.

Bereket çağrıları için meleklerinize istediğiniz sıklıkta ulaşabilirsiniz. Bu süreçte rüyalarınıza, hislerinize ve çevrenizdeki uyarılara dikkat etmeye başlayın.

Bağlantı çalışmalarında en önemli olan inancınızı hiçbir şekilde yitirmemektir. Acaba olacak mı şeklinde sorulardan ve endişelerden uzaklaşın.

En ufak bir endişenin ve inançsızlığın sizi etkilemesine izin vermeyin. Çünkü inanç eksikliği ve endişe olumsuzdur. Olumsuz olan ise yanılsama olandır.

Tam bir inanç içinde yukarıda sizinle paylaştığım, çağrı örneklerinden faydalanarak meleklerinize yazabilirsiniz. Ayrıca meleklerle bolluk, bereket çalışmaları yaparken yanınızda sitrin kristali bulundurmanızı tavsiye ediyorum. Sitrin kristali zenginliği, bolluk ve bereketi çeker. Evinizde ve çantanızda bulundurmanızı öneriyorum.

"Meleklerim Allah'ın izni ile zenginliğin, bolluk ve bereketin bana ulaşmasına yardım edin. Borçlarımı ödeyebilmem için ihtiyacım olan miktarı temin etmeme yardım edin. Sizlere minnettarım ve teşekkür ederim."

Sevgili okurlarım, yazılarınızı uzun ve dolambaçlı cümleler kullanarak yazmamanızı tavsiye ediyorum.

MELEK ÖĞRETİLERİ

Bildiğiniz gibi açık ve net olmanız daha hızlı sonuçlar almanızı sağlayacaktır. Lütfen yazdığınız mektubu saklamaya devam edin ve meleklerinizin size zenginliği getirdiğini, yaşamınızın bolluk ve bereketle dolduğunu, borçlarınızdan kurtulduğunuzu imgeleyin. Özellikle geceleri meleklerinize çağrıda bulunduktan sonra uykuya dalmadan önce bu imgelemeleri yapmanızı tavsiye ederim. Dilekleriniz gerçekleşene kadar mektubunuzu saklamayı sürdürebilirsiniz.

MELEKLERLE BAĞIŞLAMA TERAPİSİ

Sevgili okurlarım, bağışlamak en kıymetli erdemlerden biridir. Bağışlayamayan insan, sevmekte de zorlanır. O zaman bağışlamak sevgi koşuludur sevgili okurlarım. İçsel huzurunuzu sağlayabilmek ve diğer insanları bağışlayabilmek için önce kendinizi bağışlamanız gerektiğine inanıyorum. Aksi hâlde içsel olarak sağlayamadığınız huzur, yaşamınıza olumsuz bir biçimde yansımaya başlayacaktır. Zaten kendinizi bağışladığınızda ve kendinizle barıştığınızda kalbinizi sevgiye açmaya ve sevgiyi çekmeye başlıyorsunuz. Bu nedenle çalışmalarınızda kitabımda da sıralamaya çalıştığım gibi önce bağışlamayı öğrenmeli, sonra sevgi kanalı çalışmasını uygulamalısınız.

Bağışlamanın diğer bir yoluysa kabullenmektir. Yani karşınızdaki kişiyi ancak olduğu gibi kabul ederseniz sevebilirsiniz. Kabullendiğinizde ve sevdiğinizde o kişinin değişmeye başladığını da fark edersiniz. Çünkü siz yansıttığınız enerjiyi alıyorsunuz. Yani bağışladığınız ve sevdiğiniz sürece yansıttığınızı geri alıyorsunuz. Meleklerinizin yardımıyla kendinizi bağışlamak için yapacağınız çalışmada sakin bir ortam belirlemelisiniz. Oturabilir ya da uzanabilirsiniz.

Derin nefes almaya başlayın. Burnunuzdan alıp, ağzınızdan vereceğiniz derin nefeslerle sakinleşin ve rahatlayın.

Şimdi meleklerinizi davet edin. "Meleklerim lütfen gelin ve içimdeki bu huzursuzluğa neden olan kendime duyduğum sevgisizliğin şifalanması için bana yardın edin... Size minnettarım ve teşekkür ederim."

Gözlerinizi kapatın ve meleklerinizi sizi yeşil şifa enerjisiyle sardığını imgeleyin. Bu enerji, tüm bedeninizi sarıyor ve tepe çakranızı sarıyor.

Bu enerji sizi şifalandırıyor ve koruyor. Size kendinizi suçlu ve sorumlu hissettiren kötü anılarınız şifalanıyor.

Melekleriniz size sunduğu şifa enerjisi ile kendinizi sevmenizi ve kendinizle barışmanızı sağlıyor.

Şimdi bağışlayamadığınız, kalbinizi kırmış, sizi incitmiş olan insanları düşünün ve onları imgeleyin.

Onlara, "Sizi affediyorum" deyin. "Bana yaptıklarınızı, geçmişte yaşadığımız kötü anıları meleklerime veriyorum ve meleklerim bu kötü anıları unutmamı sağlıyor."

"Sizi koşulsuz affediyorum" deyin ve bunu yedi kez tekrar edin.

"Sizi koşulsuz seviyorum" deyin ve bunu yedi kez tekrar edin.

Lütfen çalışma sonunda meleklerinize teşekkür edin.

MELEKLERLE SEVGİ VE İLİŞKİLER TERAPİSİ

Melekler tarihine baktığımda melek Samuel'in, Hristiyan mitolojisi ve melek biliminde beşinci yüzyılda ve altıncı yüzyılın ilk yarısında başmelek statüsünde kabul edilmiş olduğunu gördüm. Buna göre melek Samuel, sevginin başmeleği olarak ifade edilmiş. Melek Samuel insanların gerçek sevgiyi bulabilmeleri için, evliliklerdeki sorunların şifalanması için kanal açar.

Sevgili okurlarım, meleklerle girdiğim bağlantılarda tecrübe edindiğim en önemli nokta, onların enerjisinin insanların enerjisinden ne kadar farklı ve ne kadar yüksek olduğudur. Çalışmaları sürdürdükçe ve artık onları yaşamınızın bir parçası olarak görmeye, hissetmeye başladıkça bu güçlü enerjiyi sizlerde hissetmeye başlayacaksınız.

Melek enerjisi, Allah'ın yüce ve sınırsız sevgi enerjisidir. Bu o kadar güçlü ve o kadar etkili ki, bir süre sonra yaşamınızı tamamen etkisi altına almaya başlıyor. Çevrenizde sizi tanıyan insanlar sizdeki farkı hissetmeye başlıyorlar. Güzelleşiyorsunuz, ışığınız yani yaşam enerjiniz yükseliyor. Gözleriniz başka bakıyor ve her şeyden önemlisi mutlu hissediyorsunuz. Bu mutluluğu ruhunuzda ve kalbinizin derinlerinde hissediyor, şifalanıyorsunuz.

Güzeller güzeli melek Samuel'e Allah'ın koşulsuz sevgisini, merhametini bizlere ulaştırdığı için minnetimizi ve teşekkürlerimizi sunarak onunla çalışmaya başlayabiliriz. Melek Samuel bencilliği, kişinin kendine duyduğu sevgisizliği, değersizliği şifalandırır.

Gerçek sevgiyi bulmanız için,

İlişkilerinizde yaşadığınız sorunlar için,

Evliliğinizde yaşadığınız sorunlar için,

Size kötü niyetle yaklaşan insanlardan korunmak için,

Yanlış anlaşılmalardan korunmak için,

Kaybettiğiniz objeleri bulabilmek için melek Samuel'den yardım isteyebilirsiniz.

Melek Samuel, yaydığı sevgi enerjisi ile sevgiye, aşka karşı olanlarla mücadele eder. Evliliklerinizde yaşadığınız huzursuzluklar, kavga ve sorunlar için melek Samuel'e çağrıda bulunabilirsiniz. Ayrıca aile içinde yaşadığınız her türlü sorun ve tatsızlıkla ilgili olarak melek Samuel'den yardım alabilirsiniz.

Çalışmaya başlamadan önce, sorununuz size yukarıda saymaya çalıştıklarımdan hangisiyse belirleyerek önce bunu melek Samuel'e yazmalısınız.

"Melek Samuel, sen aşkın, sevginin, merhametin meleğisin.

Ailemdeki sorunların, kavgaların bitmesi için Allah'ın izniyle bana yardım et. Ailemi kanatlarının altına al ve bizi sevginle kucakla. Teşekkür ederim."

"Melek Samuel, sen sevgi meleğisin. Karşıma gerçek sevginin çıkması için ve sevgisizlikten korunmam için bana yardım et. Sevgisizliklere karşı beni kanatların arasına sakla. Sadece gerçek sevginin bana ulaşması için Allah'ın izni ile yardım et. Teşekkür ederim."

Sevgili okurlarım, melek Samuel'e yazdıklarınızı saklamalı ve çağrıda bulunmaya devam etmelisiniz.

Geceleri uyumadan önce birkaç dakikanızı ayırarak gözlerinizi kapatın ve melek Samuel'den sizi sevgi ışığıyla sarmasını isteyin. Sevgisini size yansıtmasını böylece sorunlarınızdan arınmayı dileyin.

Melek Samuel'e her gece devam eden çağrılarınızla ulaşmaya devam edin. Birkaç çalışma sonrasında onun size yardım ettiğinizi hissetmeye başlayacaksınız. Size sevgi enerjisini sunduğunu kalbinizdeki coşkuyla fark edeceksiniz. İşte bu coşku yani diğer bir deyişle 'sıkıştırılmış yoğun sevgi enerjisi' yaşam içinde sizden de taşarak ailenize ya da sorun yaşadığınız kişiye ulaşacaktır. Ya da bu yoğun sevgi enerjisi bir mıknatıs gibi size gerçek sevgiyi çekmeye başlayacaktır.

Melek Samuel'den ayrıca, kalbinizde sevgisizlikle oluşan gri blokların kaybolması ve kalbinizin sevgi enerjisi ile arınması için yardım isteyebilirsiniz. Melek Samuel, size sevgiye taşısın, sizi sevgi ışığıyla arındırsın. Melek Samuel'den kalbinizin yaratılmış olan her varlığa karşı sevgi ve merhametle dolması için çağrıda bulunabilirsiniz.

"Melek Samuel, yaratılmış her varlığa sevgi duyabilmem için, onları Allah yarattığı için, sevebilmem için bana sevgi enerjini ulaştır. Sana minnettarım ve teşekkür ederim."

"Melek Samuel, kalbimdeki tüm sevgisizliklerin arınması, sevgi ile şifalanması için kalbimin arınmasına yardımcı ol. Sana minnettarım ve teşekkür ederim."

"Melek Samuel, enerjinle yayılan sevgi ışığı ile kalbimin merhametle dolmasını sağla. Kalbimdeki tüm sevgisizlik merhamete dönüşsün. Sana minnettarım ve teşekkür ederim."

Sevgili okurlarım, melek Samuel'e kalbinizin tüm varlıklara karşı sevgi ve merhametle dolması için çağrıda bulunabilirsiniz.

SEVGİ KANALI MEDİTASYONU

Melek Samuel'e ulaşmak ve sevgi kanalına bağlanmak için uygulayabileceğiniz oldukça kolay bir meditasyon çalışmasını sizlerle paylaşmak istiyorum. Bu çalışmayı istediğiniz aralıklarla uygulayabilir, eğer fırsatınız varsa her gece çalışabilirsiniz. Melek Samuel'le yapacağınız çalışmalar sırasında onun taşı olarak bilinen pembe kuvarz bulundurabilirsiniz. Pembe kuvarz taşının melek Samuel'in sevgi enerjisini taşıdığı söylenmektedir.

Öncelikle lütfen yalnız olabileceğiniz ve rahatsız edilmeyeceğiniz bir ortam belirleyin.

Arkada kısık sesli klasik müzik çalabilirsiniz.

Diğer meditasyon çalışmalarında olduğu gibi sevgi kanalı meditasyonunda da burnunuzdan alıp, ağzınızdan vereceğiniz nefeslerle negatifliklerinizden arının.

Şimdi, zihninizi boşaltmaya başlayın.

Günün stresini, aklınızda yapılması gereken işleri, yaşama dair endişelerinizi, isteklerinizi, korkularınızı hepsini imgelediğiniz beyaz ışık boşluğuna doğru göndermeye başlayın.

Bu beyaz ışık zihninizi meşgul eden tüm düşünceleri alıyor ve içinde sevgiye dönüştürüyor.

Bekleyin ve tüm düşüncelerinizin, endişelerinizin bu ışığın içinde kaybolduğundan emin olun.

Eğer, hepsi gittiyse çalışmaya hazırsınız demektir. Bazı okurlarım, meditasyon çalışmaları sırasında zihinlerinde yine bu düşüncelerin belirdiğinden söz etti. Bu çok normaldir. Arada yine zihniniz sizi uyaracaktır fakat siz bu uyarıyı dikkate almazsanız, çalışmanız bölünmez.

Şimdi melek Samuel'i davet etmeye başlayabilirsiniz. Sevgili okurlarım, zaten aslında siz meditasyon çalışmasına niyet edip, başladığınızda meleklerinize çağrıda bulunmuş oluyorsunuz. Telepatik olarak gönderdiğiniz bu çağrıyı onlar duyarlar.

Gözlerinizi kapatın ve melek Samuel'i zihninizde imgelemeye başlayın. Bembeyaz kanatlarını, pembe renkte sevgi enerjisini ve size sunduğu sevgiyi hissetmeye başlayın.

Bu enerjisi sizi sarıyor. Tüm eterik bedeninizi kaplıyor. Sevgisizliğin neden olduğu hasarları, eterik bedeninizdeki yırtıkları onarıyor.

Sevgiyle şifalandığınızı hissedin. Derin nefesler almaya ve aldığınız her nefeste sevgiyi hissetmeye devam edin. Bu sevgi enerjisi sizi saracak ve sizde mıknatıs etkisine dönüşerek yaşamınıza sadece sevgiyi çekmenize neden olacak. Artık yaşadığınız tüm olumsuzluklar melek Samuel aracılığıyla şifalanıyor.

Eğer bu çalışmayı ailenizde ya da özel yaşamınızda sorun yaşadığınız kişilerle ilişkinizi düzeltmek için yapıyorsanız, şimdi onları düşünün.

Sorun yaşadığınız kişi eşinizse zihninizde eşinizi imgeleyin ve birlikte melek Samuel'in karşısında olduğunuzu resmedin.

Şimdi Melek Samuel sizi ve eşinizi pembe sevgi enerjisi ile sarıyor. Bunu görmeye ve güçlü enerjiyi hissetmeye çalışın. Enerji akmaya devam ederken bekleyin.

Güçlü enerji sizi şifalandırsın. Kalplerinize bağışlama, merhamet ve aşk versin.

Çalışmayı yine içinizdeki sesi dinleyerek bitirebilirsiniz. Melek Samuel'e teşekkür etmeyi lütfen unutmayın.

Bu meditasyon çalışması ardından kendinizi yorgun hissederseniz lütfen endişe etmeyin. Bu yorgunluğun nedeni sizin çok güçlü sevgi enerjisi almış olmanızdandır. Çalışmayı istediğiniz sıklıkta sürdürebilirsiniz. Gün aşırı uygulamanın etkili olduğunu ben kendi çalışmalarımdan dolayı biliyorum ama kararı size bırakıyorum.

Meditasyon çalışmanızın yanı sıra evrenin çekim gücünden de yararlanabilirsiniz. 7 Adımda Kuantumla Hayatınızı Değiştirin ve yine kuantum fiziği üzerine pratik çalışmalarında yer aldığı ikinci kitabımda sizlerle paylaştığım evrenin çekim gücü, sizlere melek bağlantısı çalışmalarınızda da yardımcı olacaktır.

Sevgi kanalı meditasyon çalışmasını gün aşırı uygularsanız eğer, ara günlerdeyse evrene sürekli olarak sorun yaşadığınız kişiyle aranızın iyi olduğuna dair mesajlar göndermeye devam edebilirsiniz.

MELEK EFSANELERİ

Sevgili okurlarım, insanlar ve melekler arasındaki bağlantılar üzerine yaptığım araştırmalarda bu bağlantıların tarih öncesi dönemlere kadar ulaştığını ve meleklerin insanlara yardım ettiği, onlara eğitim verdiğine dair efsaneler olduğu bilgilerine ulaştım. Melekler ve meleklerle bağlantılar özellikle eski Yunan kültüründe oldukça etkili olmuş. İnsanlar meleklerle bağlantı kurabilmek için yöntemler geliştirmişler. Meleklere Latince "angelus" ya da "angelos" olarak hitap eden eski Yunanlılar, melekleri gökyüzünden inen haberciler olarak tanımlamışlar.

Ayrıca tarihte insanların melekleri üç ayrı gruba ayırdıklarına dair bilgiler bulunmaktadır.

Birinci grupta başmelekler bulunuyor ve Allah'ın emirlerini uyguluyorlar. Ayrıca birinci cennet katında yer alıyorlar.

İkinci melekler grubuysa başmeleklerden daha düşük seviyede bulunuyorlar, fakat onlar da cennet katının sakinleri olarak kabul ediliyor.

Üçüncü melekler grubuysa yeryüzüne düşmüş melekler olarak nitelendirilmiş.

Sevgili okurlarım, efsanelere göre üçüncü grup meleklerin insanların arasına indiği ve onların insanlara görünerek onlarla bağlantıya girdikleri söyleniyor. Yapılan tarih öncesi kazı ve araştırmalara göre birinci gruptaki başmelekler, yedi melek olarak ifade edilmiştir. Bunun nedeniyse her birinin bir gezegenle özdeşleştirilmiş olmasıdır. Güneş, Ay, Mars, Venüs, Jüpiter, Merkür ve Satürn'ün başmeleklerle özdeşleştirilen gezegenler olduğu tahmin edilmektedir. Gezegenlerin başmelekler tarafından yönetildiği ve bu gezegenlerin yaydığı ışığın, enerjinin Allah'ın haberlerini yeryüzündeki insanlara ulaştırdığı düşünülmüştür.

Melek efsanelerine göre güneş Başmelek Mikail'i temsil etmektedir. Başmelek Mikail, güç ve ışık olarak kabul ediliyordu. Yaşam enerjisi, yaratıcılık, başarı anlamına geliyordu.

Melek efsanelerine göre ay, Başmelek Cebrail'i temsil etmektedir. Başmelek Cebrail'in rengi ayın rengi olan koyu, parlak sarıydı. Rüyaların, medyumsal yeteneklerin, kahinliğin, gizemin efendisi olarak kabul ediliyordu.

Melek efsanelerine göre Mars, Başmelek Samuel'i temsil etmektedir. Buna göre Başmelek Samuel ateş ve kırmızı anlamına geliyordu. Sevgiyi, bağlılığı, ikili ilişkileri etkilediğine inanılıyordu.

Melek efsanelerine göre Venüs, Başmelek Anael'i temsil etmektedir. Başmelek Anael, sanatın müziğin, aşkın ifadesiydi. Bakır ve pirinç elementlerinin öncüsü olarak kabul ediliyordu. Güneşin ilk ışıklarıyla belirdiği ve insanlara göründüğüne dair efsaneler vardır.

Melek efsanelerine göre Jüpiter, Başmelek Sachiel'i temsil etmektedir. Yani şans meleğiydi. Eflatun renginde pelerin giydiği, saçları beyaz, yaşlı bir adam görünümünde olduğu ve elinde bir de asa taşıdığı belirtilmiştir. Bu asasıyla adaletin koruyucusudur.

Melek efsanelerine göre Merkür, Başmelek İsrafil'i temsil etmektedir. Başmelek İsrafil, merhametin meleğiydi. Onun genç bir adam görünümünde belirdiği, sarı bir pelerin taktığı da efsaneler arasındadır. Şifacıların efendisi olarak bilinir.

Melekler efsanesine göre Satürn, Başmelek Cassiel'i temsil etmektedir. Başmelek Cassiel'in yalnızlığın meleği olduğu, evrendeki olayları yalnız başına izlemeye devam ettiği, bu dünyayla öte âlem arasındaki boyut farkını korumakla görevli olduğuna inanılmıştır. Efsanelerde yaşlı bir adam olarak elinde fanus içinde mum taşıyarak belirdiği söylenmiştir.

GÖKSEL KATLAR EFSANESİ

Sevgili okurlarım, mitolojik tarih üzerine yaptığım araştırmalarda dünya temel alınarak cennet katları ve yeryüzü katlarına dair inanışlar olduğunu tespit ettim. Buna göre pek çok katlar ve bu katları temsil eden melekler bulunmaktadır.

Efsanelere göre bu katlardan dünyaya en yakın olanı birinci cennet katıdır ve dünyayla sınır noktasındadır. Bu cennet katı, Adem ile Havva'nın evidir. Dünyaya çok yakın olduğu için dünyanın yansıması gibidir. Akarsular, bulutlar, yıldızlar, rüzgâr burada da vardır. Ayrıca birinci dünya katı iki yüz meleğin evidir. Kar meleklerinin de bu cennet katının sakinlerinden olduğuna inanılmaktadır. Bahçelerindeki ağaçlar her zaman meyvelerle doludur. Bu ağaçların meyveleri çok büyük ve çok güzeldir. Ayrıca bu kat, gümüşten yedi kat daha parlaktır.

Efsanelere göre ikinci cennet katı, Başmelek İsrafil ve melek Zachariel tarafından yönetilmektedir.

Bu cennet katında düşen melekler hapis tutulmakta ve yargı günü için sonsuz karanlıkta beklemektedirler.

Efsanelere göre üçüncü cennet katı nadide olarak kabul edilmiştir. İdris Peygamber'e göre, cehennem bu katın kuzey kanadında bulunmaktadır. Melek Anael tarafından yönetildiği ve üç meleğin ona yardım ettiği söylenir. Burası aynı zamanda Başmelek Azrail'in evidir. Efsanelere göre bu cennet katının kuzey bölgesindeki alev nehrinde, melekler tarafından kötülere cezalar verilir. Alev nehrinin ilerisi ise buzullar bölgesidir. Bu bölgeler meleklerin cezalandırma alanlarıdır. Güney bölgelerinde ise cennet toprakları bulunmaktadır. Bu topraklar cennet bahçeleri ile doludur. Bu cennet bahçelerinde süt ve bal nehirleri vardır. Ayrıca yaşam ağacı da bu cennet katındadır. Efsanelere göre hak eden ruhların üç yüz ışık meleği rehberliği ile bu bahçelere ulaşacağı söylenir. Bu cennet katına altın kapılardan girilir.

Efsanelere göre dördüncü cennet katı Başmelek Mikail tarafından yönetilir. İdris Peygamber'e göre "Cennet Bahçesi" bu cennet katındadır. Burası İsa Peygamber'in ve onun meleklerinin evidir. Her yer altındandır. On iki geçiş kapısı büyük mucizelere ve güzelliklere açılır. Burayı dört nehir kuşatmaktadır.

Efsanelere göre beşinci cennet katı intikam meleklerinin mekânıdır. Kuzey bölgeleri Melek Samuel tarafından yönetilir. Atmosfer büyük bir sis bulutunun içinde gibidir. Efsanelerde insanlar düşen meleklerle bağlantıya geçtiklerini ve beşinci cennet katının çok ıssız olduğunu onlardan öğrendiklerini söylemişlerdir. Yeryüzünde insanların arasında bulunduklarına inanılan bu melekler beşinci cennet katında günah işleyen meleklerin tutulduğunu haber vermişlerdir. Güney tarafındaysa sayısız melekler durmaksızın Allah'a şükür ederler.

Efsanelere göre altıncı cennet katı, anka kuşlarının ve melek çocukların Allah'a zikir çektikleri mekândır. Burası aynı zamanda eğitim bölgesidir. Melekler burada pek çok farklı sistemlerde astronomi, ekoloji, mevsimler ve insanoğlu üzerine eğitim alırlar.

MELEK ÖĞRETİLERİ

Efsanelere göre yedinci cennet katı, cennetlerin en kutsalıdır ve burası Allah'ın krallığı ve doğacak olan ruhların bekleme mekânıdır. Bu katta peygamberlerin de görüldüğü efsaneler arasındadır.

YERYÜZÜ KATLARI EFSANESİ

Sevgili okurlarım, efsanelere göre yeryüzü katlarında farklı insan türleri yaşamaktadır.

Efsanelere göre birinci yeryüzü katındaki varlıkların Adem'in soyundan geldiğine inanılır. Bu varlıkların sıkıntılı ve hüzünlü oldukları söylenir.

Efsanelere göre ikinci yeryüzü katındakiler avcı ve çiftçidirler. Sonsuz mutsuzluk içindedirler. Diğer zamanlardaysa savaştadırlar. Buraya gelen ziyaretçilerin, sonra hiçbir şey hatırlamadıkları söylenir.

Efsanelere göre üçüncü yeryüzü katındaki ormanlarla, vahşi doğayla ve meyve bahçeleriyle doludur. Burada yaşayanlar, ağaçların altında yaşarlar.

Efsanelere göre dördüncü yeryüzü katında iki güneş vardır ve kuraklık çok fazladır. Şehirler zengin ve olağanüstüdür fakat suya ihtiyaç büyüktür ve yeraltında su arayışı vardır. Bu insanların ruhsal güçleri çok yüksektir ve yüzleri çok güzeldir.

Efsanelere göre beşinci yeryüzü katında insanlar basit bir akılla yaşarlar. Burada kırmızı güneş hâkimdir ve topraklar çok kurudur.

Efsanelere göre altıncı yeryüzü katında mevsimler çok uzundur. Buranın yerlileri gezegenler arasında yolculuk yapabilirler ve tüm dilleri konuşurlar. Burada cehennemin de olduğu söylenir. Cehennemin yedi katı birbirinin üzerinde sıralıdır.

Efsanelere göre yedinci yeryüzü katı dünya formuna çok benzer. Tepeler, dağlar, düzlüklerle çevrilidir. Yedinci yeryüzü katında pek çok farklı türde varlık vardır. Efsanelere göre bu varlıkların pek çok özel güçleri vardır. Ölüleri diriltebilir, sonsuz yaşam yaşayabilirler. Ayrıca efsanelere göre su canlıları da burada yaşamaktadırlar.

YERYÜZÜ MELEKLERİ

Eminim, pek çok okurum yeryüzünde melekler olur mu, onlar bizim yeryüzü boyutumuzdan çok farklı bir boyuttan geliyorlar diyecektir. Bu doğru elbette ama bizler de iyi olmaya çalışarak, kalbimizi, ruhumuzu ve zihnimizi arındırarak, melekleri örnek alarak, onlar kadar iyi olmaya çalışabiliriz. Kalplerimizi sevgi ile yükseltebilir, sevgi ile tedavi edebiliriz.

O hâlde var olan Allah'ın her yarattığına karşı sadece ve sadece sevgi duyabiliriz. Merhamet sevgidendir ve sevginin temelinde olduğu için insanlara, hayvanlara, canlı, cansız var olan her şeye karşı merhametli olabiliriz.

Ruhsal olarak şifalanmak için meleklerin yardımıyla arınma çalışmalarına devam edebiliriz.

Meleklerle rüya kanalı bağlantıları, meditasyon ve melek çağrıları çalışmaları ruhsal şifaya ulaşabilmek için çok yararlıdır.

Zihinsel olarak arınmak ise düşüncelerimizi temiz tutmaktır. Düşünce temizliği, gelen her olumsuz düşünceye set çekmek ve olumsuz her düşünceyi arındırmakla gerçekleşir.

Sizlerle kitabımın ilk sayfalarından itibaren paylaşmaya çalıştığım meditasyon çalışmalarından yardım alarak negatif düşüncelerden arınabilirsiniz.

Sevgili okurlarım, sevgiyi koşulsuz olarak tüm varlığınızla kabul ettiğinizde zaten yükselmeye, arınmaya, şifalanmaya başlamış oluyorsunuz. Sevgiyi kabullenmek için meleklerinizle çalışabileceğinizi biliyorsunuz. Geçtiğimiz sayfalarda sizlerle melek Samuel ile kalbinizi arındırma çalışmalarını paylaşmıştım. Melekler çağrılarınıza yanıt vererek, sizi yüksek bilinç ve farkındalık seviyesine ulaştıracaklardır. Böylece sizler de yeryüzü meleklerine dönüşebilir, meleklere benzeyerek çevrenize sevgi, şifa ve iyilik enerjileri yayabilirsiniz.

Sevgili okurlarım, tarih öncesi efsanelere göre insanlar doğayla iç içe yaşarken, medyumsal ve ruhsal açıdan bizlerden çok daha yüksek bir bilinç seviyesindeydiler. Yaşam biçimleri doğayla uyumlu şekilde medyumsal ve durugörü çalışmalarıyla şekilleniyordu. Yaşamın gizemi ve şifacılık üzerine okullar vardı. Bu okullarda insanlara evrenin enerjisi ve meleklerle bağlantıya geçerek çalışmaları öğretiliyordu. Aura çalışmalarıyla hastalıkların hangi bölgelerde olduğu tespit ediliyor ve eterik beden güçlendirme şifa çalışmalarının nasıl uygulanacağı öğretiliyordu.

Tarih öncesi gizem okullarında meleklerle bağlantı çalışmalarının Atlantis dönemlerinde, binlerce yıl öncesinde başladığı tahmin ediliyor. Atlantis Tufan'la yok olduktan sonra bu okullarda eğitim alıp, Tufan'dan kurtulabilen insiyeler dünyanın farklı bölgelerine dağılarak bilgilerini yaymaya başlamışlar. Atlantisliler, Mayalar, Lemuryalılar ve bugün isimleri bizlere ulaşamayan binlerce yıllar öncesindeki daha pek çok uygarlıkta tarih öncesi insanların göksel varlıklarla temas ve bağlantı içinde olduklarına dair efsaneler bulunmaktadır. Tarih

MELEK ÖĞRETİLERİ

öncesi çağlarda insanlığın büyük çoğunluğunun bu bağlantı kanallarından aldıkları tebliğlere bağlı, doğaya uyumlu olarak yaşadıkları ve meleklerle bağlantıda oldukları ifade edilmiştir. İnsanların meleklerle bağlantıya geçebilmek için Mısır'da Sfenks yakınlarındaki bölgelerde özel törenler yaptıklarına dair efsaneler de vardır. Bu tür bağlantılarla aldıkları bilgileri yaşamlarına aktaran insanların, ayrıca bugün bile gizemi çözülemeyen devasa yapıların inşasında meleklerin ve göksel varlıklardan yardım aldıkları düşünülüyor.

Sevgili okurlarım, bütün bu çalışma ve araştırmalarımda öğrendim ki, insan eğer gerçekten ister ve çalışırsa tarih öncesi dönemlerdeki yeryüzü melekleri seviyesine erişebilir. Hepimizin ruhunda Allah'ın bizlere sunduğu o güç var. Bu gücü meleklerin sevgisiyle, enerjisiyle etkili hâle getirebilir; hepimiz birer yeryüzü meleği, hepimiz birer şifacı olabiliriz

YOKSA SİZ DE BİR YERYÜZÜ MELEĞİ MİSİNİZ?

Hisleriniz güçlü mü?

Kendinizi çevrenizdeki insanlardan farklı mı hissediyorsunuz?

Yaşam amacınızın diğerlerine yardım etmek olduğunu mu düşünüyorsunuz?

Sizin yaşam amacınız, sadece kendinizi birine ya da birilerine adamış olmanız mı?

Aileniz ya da eşiniz size çok kötü davransa da, yine de kalbinizdeki sevgiden bir şey eksilmiyor mu?

Olduğunuzdan daha mı genç gösteriyorsunuz?

Yaşadığınız acıları kolay mı unutuyorsunuz?

Kin tutmak nedir bilmiyor musunuz?

Yakınlarınız için, dünya için, tüm insanlar, hayvanlar ve bitkiler için dua mı ediyorsunuz?

Sevdiklerinizi korumayı, kendinizi korumaktan daha kıymetli mi buluyorsunuz?

Sabırlı mısınız? Sonsuz sabırla bezendiğinizi mi düşünüyorsunuz?

Hatırlayamasanız da çok sık rüyalar mı görüyorsunuz?

Rüyalarınızda başka âlemlerde dolaşıyor, uçuyor musunuz?

Çevrenizdeki insanların dertlerini dinliyor, onlara nasıl yardım edebileceğinizi mi düşünüyorsunuz?

Birine yardım ettiğinizde dünyalar sizin olmuş kadar mutlu mu oluyorsunuz?

Karar vermekte ve bu kararları özgür bir şekilde uygulamakta sorun mu yaşıyorsunuz?

Karar vermeniz gerektiğinde hep sormanız gereken sizden yaşça daha büyük birine mi ihtiyaç duyuyorsunuz?

Sevgili okurlarım, bu sorulara nasıl yanıtlar verdiğinize bir bakın. Eğer sorulara verdiğiniz cevaplarınız olumluysa demek ki siz de melekler kadar saf ve iyi bir ruha sahipsiniz...

KAR TANELERİ İLE YERYÜZÜNE İNEN MELEKLER

Sevgili okurlarım, facebook sayfamdaki okurlarıma ve terapiye gelen danışanlarıma da söz ettiğim kar tanelerine yeryüzüne inen meleklere kitabımda yer vermek istedim. Kar tanelerindeki melekleri görmek için yoğun ilgi ve talep var. Çok da haklılar. Gerçekten yaşanılan mucizevi bir olay. Ben de gördüğümde çok etkilendim. Bunun gibi pek çok vakaya da şahit oldum. Fakat bu çok daha farklıydı. Gerçekten çekilmiş resimlerde melekler açık bir şekilde görülebiliyordu. Yakından zumlanarak bakıldığında gayet belirgin bir şekilde melekler görünüyor. Bu kitabımı hazırlama, bitirme aşamasını ve basılacağı günü sabırsızlıkla bekliyordum. Tabii bunun için en az benim kadar resimleri çeken arkadaşım da sabırsızlanıyordu. O da bu resimleri sizlerle paylaşmaktan büyük mutluluk duyuyor. Ve şimdi sizlerle arkadaşımın yaşadığı bu mucizevi olayı paylaşmak istiyorum.

Arkadaşım, soğuk bir kış akşamında cam kenarında koltuğuna oturmuş dışarıya bakarken birden yılın ilk karının lapa lapa yağmaya başladığını görmüş ve çok şaşırmış. Aniden yağan bu kar ve karın çok iri taneler hâlinde oluşu ona oldukça ilginç gelmiş. Arkadaşım sanatçı olduğundan fotoğraf çekmeye merakı vardır. Gördüğü her güzel şeyin fotoğrafını çeker. Kar tanelerinin fotoğraflarını da hemen çekmeye başlamış. Kar hafiflediğinde ise çektiği resimleri incelemiş. Pastel resim çalışmalarında bu fotoğraflardan nasıl yararlanabilirim diye kar tanelerini fotoğraf makinesinin ekranından incelemeye başlamış. Kar tanelerinin iri olması dikkatini daha da çekmiş ve resimleri zumlamış. Önce anlyamamış, fakat her kar tanesinde sanki melekleri görüyormuş.

"İnanamadım ve tekrar tekrar hepsine baktım" diyor. Gerçekten de çok ilginçti. Fotoğraf karelerinde birçok melek figürü vardı. Dua eden, boru çalan melekler ve bir de Meryem Ana ve Hz. İsa'nın görünümü kar tanesinin içinden yansıyordu. Zeytin dalı arasında çok ilginç çok da güzel görünüyordu. İnanıyorum sizler de çok beğeneceksiniz.

KAR TANELERİNDEKİ MELEK FOTOĞRAFLARI

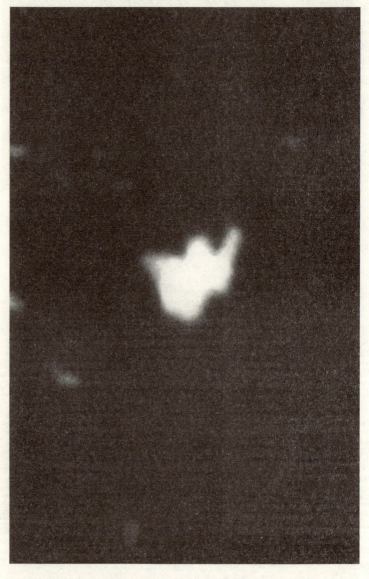

Boru çalan melek...

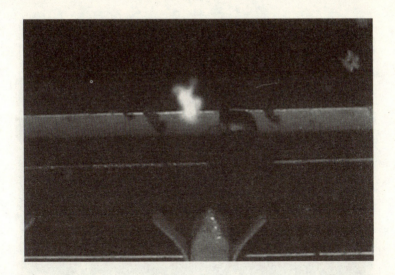

Arabanın üzerinde ellerini kaldırmış dua eden melek...

Kar tanelerinin indirdiği kürede Meryem Ana ve Hz İsa figürleri... Mavi enerjiyle çevrelenmiş.

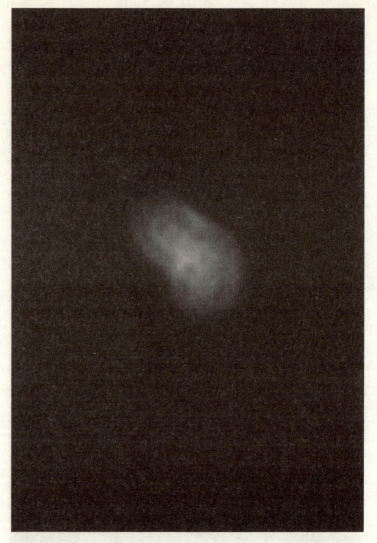

Kar tanesindeki yüz...

Elinde asasıyla yeryüzüne inen melek...

Kar taneleriyle yeryüzüne doğru inen melekler...

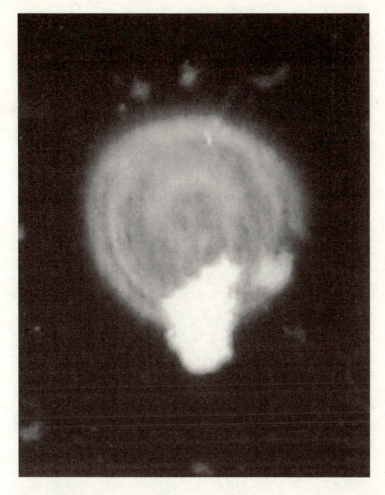

Meryem Ana ve Hz. İsa figürlerinin bulunduğu kar tanesindeki mavi enerji alanı...

Meryem Ana ve Hz. İsa figürlerinin olduğu kar tanesinin altında yine kar tanelerinin oluşturduğu M harfini görebilirsiniz.

Yaradan yağan ilk karda yeryüzüne her kar tanesini iki melek indirir demiş. İnsan çok duygulanıyor ve yaradan her yağmur tanesini de bir melek indirir, demiş.

Sevgili okurlarım, ben çok inandığım ve çok kez de deneyimlediğim bir duamı sizlerle paylaşmak istiyorum.

Yağmur yağarken Kevser Suresini sayısız okuyarak ne dilersiniz dileyin Yaradan kabul ediyor ve dileğinize cevap veriyor. Buradan da şu çıkıyor ki meleklerin indirdiği yağmur damlarına edilen dualar su gibi kabul oluyor. Deneyin bana da dua ederseniz sevinirim...

Benim dualarım da hepiniz varsınız. Yaratılmış her canlı, her biriniz tek, tek... Bu resimleri bizlerle paylaşan arkadaşım FATOŞ YEĞİN...

Kendisine çok teşekkür ederim. Bana bir çok konuda o saf enerjisiyle yardımcı olmuştur.

Yaradan yağan ilk karda, yeryüzüne her kar tanesini iki melek indirir demiş. İnsan çok duygulanıyor. Yaradan her yağmur tanesini de bir melek indirir. demiş. Sevgili okurlarım, ben çok inandığım ve çok kez de deneyimlediğim bir duamı sizlerle paylaşmak istiyorum.

Yağmur yağarken Kevser Suresi'ni sayısız kere okuyarak ne dilersiniz dileyin Yaradan kabul ediyor ve dileğinize cevap veriyor. Buradan da şu çıkıyor ki meleklerin indirdiği yağmur damlarına edilen dualar su gibi kabul oluyor. Deneyin, bana da dua ederseniz sevinirim... Benim dualarım da hepiniz varsınız. Yaratılmış her canlı, her biriniz tek tek... Bu resimleri bizlerle paylaşan arkadaşım Fatoş Yeğin... Kendisine çok teşekkür ederim. Bana birçok konuda o saf enerjisiyle yardımcı olmuştur.

MELEK ENERJİ ÇALIŞMALARI

Seanslarımda ve enerji çalışmalarımda yayılan, danışanıma enerji veririrken çekilen resimlerden bazılarını sizlerle paylaşmak istedim. Çalışmaya ilk başladığımda enerji bazen parmaklarımdan, bazen de avucumun tam ortasından akmaya başlıyor. Bunu zaten kendim hissediyorum. Burada melek enerji çalışmasında çekilen bir resmi görüyorsunuz.

Aşağıda resmin devamındaysa enerjinin gelişimini görüyorsunuz. Bu resimde meleklerle çalışma yapmaktaydım.

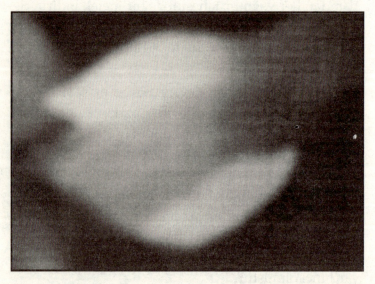

1) ENERJİNİN AKMAYA BAŞLADIĞI AN.

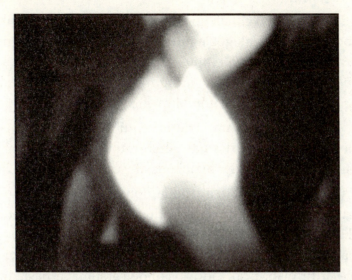

2) ENERJİ DAHA DA GÜÇLENİYOR VE ENERJİ ETRAFA YAYILMAYA BAŞLIYOR.

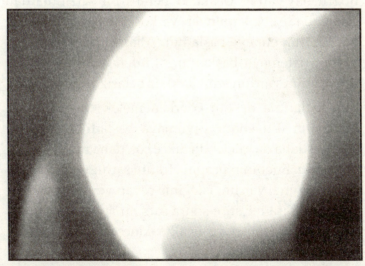

3) BURADAYSA ENERJİ ARTIK TAMAMEN YAYILDI VE BU DURUMDAYKEN HIZLA KİŞİYE YA DA MEKÂNA ETKİ EDİYOR,

Bu enerjiyi çıplak gözle görmek çok zordur, ancak bazı kişiler çıplak gözle rahatlıkla görebiliyorlar. Aynı zamanda da hipnoterapi seanslarımda danışanlar çok net bir biçimde onlara verdiğim şifa enerjisini üçüncü gözleriyle rahatlıkla görebilmektedirler.

Sevgili okurlarım, sizlerle kendi yaşadığım bir melek mucizesini paylaşmak istiyorum. Bakın uçağın inişi sırasında melekler bizlere nasıl yardım ettiler.

Bir gün İstanbul'a uçakla dönerken başta hiç sorun yaşamadan süren yolculuğumuz uçak İstanbul Havalimanı'na inerken korkutucu bir hâl almaya başlamıştı. Hava yağmurluydu ve rüzgâr da şiddetini iyice arttırmıştı, uçak ciddi biçimde sarsılmaya başladı. Sarsıntılar yükseklerdeyken başlamış ve iniş sırasında daha da artmıştı. Bu nedenle uçak tekrar yukarıya doğru havalandı. Uçaktaki herkes bu sarsıntılardan dolayı endişeye kapılmıştı ve korku içindeydi. Bense hemen dua etmeye başladım. Allah'tan, meleklerden yardım istemeye başladım. "Lütfen Allahım, lütfen meleklerim yardım edin kazasız belasız piste inelim."

Dualarıma devam ederken melek enerjisine yoğunlaştım. Bu enerji yayılmaya başladı ve ben bu enerjiyi daha da güçlendirdikçe çok daha net hissedilir oluyordu. Enerjinin uçağın etrafını sardığını ve meleklerin çağrıma, yardım isteğime cevap verdiklerini biliyordum. Kısa bir süre sonra sarsıntı azaldı ve durdu. Rüzgâr hafiflemişti ve uçak sakince aşağıya inmeye başladı.

O akşam eve döndüğümde bilgisayarımı açtım ve facebook sayfamda okurlarımdan genç bir bayan bana, mesaj butonuna şu yazıyı yazmıştı.

AKSU BÜYÜKATLI

"Aksu Hanım dün gece bir rüya gördüm. Çok garipti, melekler bir uçağı piste indiriyordu. Bana lütfen bu rüyanın yorumunu yapabilir misiniz?"

Önce çok şaşırmıştım, ama sonra bunun aslında çok normal olduğunu düşündüm çünkü artık ruhsal uyanış başlamıştı. Kapalı gözler açılıyordu. Bana mesaj atan bayanın zaten gördüğü rüyalar çok ilginçti ve çıkıyordu, kalp gözü açıktı.

ENERJİ ALANLARI

Seanslarımda danışanlarıma hafif hipnozla şifa verirken, aura okuma çalışması, enerji temizliği (arınma) yaparken danışanlarım bu enerjiyi görüyorlar. Meditasyon çalışmaları sırasında da kişiler enerji alanlarını ve dalgalarını rahatlıkla görebiliyor.

Ayrıca ben röntgen tarama yaparken kişinin enerjisinde yapışanları, hastalıklarını, ruhsal sıkıntılarını rahatlıkla görebilmekteyim. Allah'ın bana verdiği hediye ve ödül olan eşsiz melek enerjisiyle deforme olmuş enerjileri arındırabiliyorum. Melek enerjisinden bu ve diğer tüm çalışmalarımda yardım almaktayım. Sizler de bunu başarabilir, yapabilirsiniz. Yeter ki güçlü bir niyet ve inancınız olsun. O zaman her şey kolaydır. Unutmayın, sizler de birer meleksiniz. Bizler bu enerji donanımlarıyla var olduk. Bu enerjileri kullanmayı öğrenmek sizin elinizdedir. Melekleriniz size yardım etmek için çağrılarınızı bekliyor.

Sevgili okurlarım, bizlerin bu dünya yaşamında nasıl görevleri varsa spritüel (ruhsal boyut) yaşamında da görevlerimiz ve görev bölümlerimiz vardır. Aşağıda ne varsa, yukarıda da o vardır.

Bu dünya yaşamındaki işler, güçler, koşturmacalar yukarıdaki dünya yaşamında da vardır ama tabii ruhaniyet, koşulsuz sevgi, şefkat ve merhamet doludur. Buradaki tekâmülümüz, ruhsal boyuttaki yükselişimizi sağlamaktadır.

Dünya yaşamındaki hatalarımıza devam edersek maalesef tekrar tekrar aynı aşamalardan geçmek zorunda kalırız. Bu aynı sınav sistemi gibidir. Yaşam bir sınavdır. Ruhsal boyuttaki ruhsal kimliğimizse ödüldür. İyi olmak ya da kötü olmak sizin özgür iradenize kalmıştır. Yaradan bizlere iyilerden olmayı nasip etsin.

Bizler belki insan gözüyle rahatlıkla enerjileri göremiyoruz. Ruhsal ve fiziksel dünya arasında bir bağlantı olduğunu bilmemize rağmen gözle göremediğimiz şeylere karşın şüphe duyabiliyoruz.

Bu gerçekliği anlamamıza yardımcı olmak içinse bilimsel deneylerde kullanılan teknolojik makineler üretilmiş durumdadır. Bu makineleri kullanarak bilimsel birtakım deneyler yürütülmektedir. Bu deneylerde bilim adamları insan vücudunun ve bilincinin sürekli enerji yaydığını izleyebiliyorlar ve bu enerjilerle insan vücudunda neler olduğunu tespit edebiliyorlar. Beynimizden, düşüncelerimizden yayılan enerjinin nasıl yayıldığını kavramak için bu tarz teknikler kullanılmaktadır. Görünmeyen enerjileri dünyada insan gözleriyle görmek zordur. Bu ve bunun gibi teknikler, vücudumuzun etrafında oluşan ışık olarak görülen bu enerji alanlarını görmekte kullanılmaktadır. Bilim dünyası bu alanda gün geçtikçe daha fazla gelişmeler göstermektedir.

Metafizik dünyada canlıların etrafındaki enerji alanına aura adı verilmiştir. Bu enerji alanları dünya üzerindeki bazı kişiler tarafından rahatlıkla görülmektedir. Onlar bilime, tekniğe gerek duymazlar. Onlar da bunun nasıl gerçekleştiğini bilmezler, ama sahip oldukları bu yeteneğin Tanrı vergisi olduğunu söylemek en doğrusudur. Ancak son yıllarda bu yeteneğe doğuştan sahip olmayan insanlar da aşama kaydederek bu çalışmaları rahatlıkla yapmaya başlamışlardır. Yine son yıllarda göklerden dünyaya yağan enerjilerle dünyadaki canlılar ve insanlar değişime uğramaktadırlar. Canlılar eski enerjilerden kurtularak yeni, farklı enerji sistemleriyle yüksek boyutlara geçmektedirler. Bunun için meleklerden yardım almaktadırlar.

Her zaman söylediğim gibi siz istemedikçe asla hiçbir sistem zorlayarak size etki edemez.

Melekleriniz sizden çağrı yapmanızı bekliyorlar ve hemen yanı başınızdalar. Onları yaşamlarınıza kabul ederek çağrı yaparsanız, Yaradan'ın izniyle sizlere yardım edeceklerdir. Yaradan istemedikçe hiçbir şey olamaz. O yarattığı her canlının en mükemmeli yaşamasını istiyor.

Dünya yaşamınızı cennete ya da cehenneme çevirmek sizin elinizdedir. İşte bu noktada siz sevgili okurlarımın bana şunu dediğini duyar gibi oluyorum. İyi ama nasıl cennete çevireceğiz? Yukarıda da bahsettiğim gibi tüm canlılar, evren, dünya gezegeni ve bütün gezegenler var olmuş her şey enerjilerden var olmuştur. Biz, siz, onlar sadece enerjiyiz. Bu enerjiler tıpkı bir network ağı gibi yani görünmeyen kablolar, bağlar gibi tüm evreni birbirine bağlamaktadırlar. Bu bağlarla sürekli birbirimizi etkileriz. Bu etkiler olumlu ya da olumsuz anlamda gerçekleşebilmektedirler.

Olumsuz enerjiler yaymaya başladığınızda, bu enerji tıpkı suya atılan taşın oluşturduğu halkalar gibi evrende yayılmaya başlar ve yayılarak büyür mutsuz bir toprak, mutsuz bir ağaç, mutsuz bir hayvan, mutsuz bir insan, mutsuz bir toplum, mutsuz bir ülke, mutsuz bir dünya ve mutsuz bir evren yaratır. İşte şimdi tam da düşünme zamanı değil mi, sevgili okurlarım?

Neden mutsuzluk bu kadar kolay yayılıyor da, mutluluk yayılamıyor?

Ne dersiniz?

Hiç düşündünüz mü?

Ben burada sizler için boş bir sayfa bırakacağım. Siz o sayfaya bu sorunun nedenine dair teori ve düşüncelerinizi yazın. Bir sayfa sonrasına geçmeyin çünkü ben de bir sayfa sonrasına kendi teori ve düşüncelerimi yazacağım. Sonra bana facebook, blog veya mail aracılığıyla ulaşan okurlarım kendi sayfasına yazdığı teori, düşüncelerini bana iletebilirler.

Aksu Hanım, o zaman ne olacak diyorsanız işte size yanıtım...

Hepimizin olumlu enerji dalgaları harekete geçerek dünyamızdaki olumsuzluğun sonlanmasına yardımcı olabilecek.

Suya atılan minicik bir taşın bile halkaları bu evrende söz sahibiyse, bizim yaydığımız iyi ya da kötü enerji halkaları nelere sebep olacaktır?

Peki, olumlu enerji neden yayılmıyor?

Acaba üretemiyor muyuz?

Yoksa olumlu düşünemiyor muyuz, ne dersiniz?

Şimdi size boş sayfa sunuyorum. Lütfen bu sayfaya neden mutsuzluk bu kadar kolay yayılıyor da, mutluluk yayılamıyor sorusuna olan yanıtınızı yazınız.

Ben de sizlerle aynı sorunun yanıtını bir sonraki sayfada paylaşacağım.

AKSU BÜYÜKATLI

BENİM SAYFAM VE YANITIM

Neden mutsuzluk bu kadar kolay yayılıyor da, mutluluk yayılamıyor?

Ruhsal âleme değil, maddesel âleme daha çok önem veriyoruz.

Affetmiyoruz, çünkü sevmeyi bilmiyoruz.

Kendimizi bile sevmeyi öğrenemedik.

Biz dünya insanları hâlen çok hırslıyız ve paylaşamıyoruz.

Bu durumda enerjilerimiz olumsuz anlamda güçleniyor ve daha da yıkıcı oluyor.

Olumlu enerjilerimiz ise güçsüz kalıyor.

İnsanlar birbirlerine sevgisizliği ve hırsı aşılıyorlar.

Yetişen çocuklar bunu öğreniyor.

Doğa sevgisini bilmiyorlar.

Pek çok çocuk, hayvan sevgisini bilmiyor.

Oysa bizler bir bütünün parçasıyız.

Biri olmazsa, diğerinin yaşam dengesi bozulur.

Sistem budur ve böyle de olmalıdır.

Doğayı, hayvanları sevin. Onlar bu dünyanın süsleridir.

Onlarsız bir dünya düşünmeyin bile çünkü olmayacaktır.

Onlar sizlere bu dünya yaşamınızda sevgiyi, merhameti, sorumluluğu öğretmek için vardırlar.

Sevgi enerjinizi, merhamet enerjinizi kullanın. O zaman her şey güzel olacaktır.

Bunu yapamadığımız için sorunlar, huzursuzluklar yaşıyoruz.

Olumsuz enerji üretmeye son!

Sevgili okurlarım, bu kitabı okurken lütfen bulunduğunuz yerde etrafınıza bir bakın. Tüm canlılar ne kadar da muhteşem yaratılmışlardır. Tüm canlıları inceleyin...

Ve şükredelim ki, biz bütün bu canlılara sahibiz. Ağaçlar, kuşlar, kediler, köpekler, karıncalar, arılar ve daha birçok canlı ne kadar da kusursuz bir şekilde yaratılmışlar öyle değil mi? Onları sevelim. Onların bize ihtiyacı var ve bizim de onlara ihtiyacımız var.

Birbirimize saygı duyalım.

Yaratılış sistemini bozmayalım.

Bütün bunları yaparsak ne olur?

Olumlu enerjiler harekete geçer.

Sevgi, koşulsuz sevgi...

Ne yazık ki, olumsuz olan her şey daha hızla gerçekleşiyor.

Hayatımızda olumsuzluğa daha fazla zaman ve enerji harcıyoruz.

Sevgili okurlarım, lütfen siz de sizin için ayırdığım sayfaya düşüncelerinizi yazın ve bir diğer kitabımızda sizlerin bu düşüncelerini paylaşalım.

Düşüncelerimizle yansıttığımız olumlu enerji halkası dünyamızı değiştirecek ve yüksek boyutlara ulaşmamızı kolaylaştıracaktır. Birbirimizle bağlantıda olmak, olumlu enerji üretmek, koşulsuz sevgi ve affetmek bu nedenle bu kadar önemlidir.

Belki burada Aksu Hanım, neden affetmek önemlidir diye soracaksınız.

Birçok insan ne yazık ki, neden affedeyim diyor. Affedemem, o kişi bana çok hata yaptı. Beni, hayatımı mahvetti ve ona çok kızgınım, diyor. Bu nedenle affedemem diyor.

Bu şekilde düşündüğünüzde öncelikle zararın en büyüğünü siz görüyorsunuz, çünkü o kızgınlık, öfke sizin ruhsal fiziksel ve de zihinsel bedeninize zarar vermektedir. Örneğin birkaç yıl içinizde barındırdığınız kin, nefret ve kızgınlıktan söz edelim. Hatta belki de o kişiye kızmak, bağırmak, daha da ileri giderek bazen beddualar bile etmek hoşunuza gidiyor olabilir.

Öncelikle şunu söylemeliyim. Bu kızgınlık ve öfke, yakıcı ve yıkıcıdır. En masum görünen öfke bile mutlaka size geri dönecektir. Unutmayın size bu öfke, kızgınlık, affedemediğiniz ve karşı tarafa yansıttığınız her şey bumerang gibi size geri dönmektedir. İşte en korkuncu da bu kin ve nefret enerjisidir. Hızla bize geri dönerek fiziksel bedenimize hastalıklar hatta bazen dönüşü olmayan hastalıklar yapar. Bazen de uzun tedavi süreci olan, bizi maddi ve manevi yıpratan hastalıklara neden olur.

Zihnimize gelince, zihin en ağır hasarı almaktadır. Bu tür ağır düşünceler, sağlıklı karar verebilme yeteneğimizi ortadan kaldırmaktadır. Düşüncelerimiz hep dağınık, aklımız hep karışık olur.

Peki ya ruhumuza verdiği zarar...

Ruhumuzdaki acı ve huzursuzluk ruhsal enerjimizin düşmesine neden olur. Aura enerjimizi zayıflatır ve bu da en kötüsüdür. Bu şekilde zihnimiz, bedenimiz ve ruhumuz her türlü tehlikeye açık hâle gelir.

Sevgili okurlarım, bana sıklıkla "Auramız zayıflarsa ne olur?" şeklinde sorular gelmektedir. Sanırım yazının burası bu soruya yanıt vermenin tam yeri. Size aura zayıflaması durumunda neler olabileceğini açıklamak istiyorum.

Ben uzun yıllardır enerjilerden sıklıkla bahsederim. Enerjinizi güçlü tutmalısınız, çünkü enerji alanınız zayıfladığında tüm tehlikelere açık bir duruma geliyorsunuz. Bu durum kapınıza güçlü, sağlam kilitler takmadığınız zaman, evinizin her türlü kötü niyetli hırsızlara açık olmasına benzemektedir.

Ruh, beden ve zihin üçlüsünde de durum aynıdır. aksubuyukatli.blogspot.com adresinde bu konuyla ilgili kapsamlı bilgilere ulaşabilirsiniz. Bloğumda dışarıdan gelen olumsuz, negatif enerjiler hakkında bilgiler vardır ve bazılarını orada okuyabilirsiniz.

Eğer negatif enerjiye maruz kalıyor, bir insandan, bir mekândan etki alıyorsanız ya da bunu kendiniz içsel olarak yaratıyorsanız bunun için sizlere pratik bazı çözümler sunmak isterim.

Eğer bir ortamda sizi negatif etkileyen olumsuz enerjiler olduğunu hissederseniz yapacağınız en iyi şey orayı hemen terk etmek olacaktır. O ortamdan uzaklaşmalısınız. Eğer size bir insan tarafından olumsuz enerjiler yansıyorsa da, o kişinin yanından hızla uzaklaşmanız yapacağınız en doğru şey olacaktır.

Negatif enerjiyi kendiniz yaratıyorsanız açık havaya, mutlu insanların yanına ve pozitif enerjilere doğru yönelmelisiniz. Negatif her ne varsa hepsini arkanızda bırakın. Böylece tüm güzel enerjiler, siz sevgili okurlarımın olsun...

Negatif enerjilerden arınmak için meleklerinize ulaşarak arınma meditasyonlarını sıklıkla yapmanızı tavsiye ediyorum. Pek çok okurum ve danışanlarım "Ben meditasyon yapıyorum ama olmuyor. Neden enerjimi doğru kullanamıyorum?" diye soruyorlar. "Ne yaparsam yapayım hayatımda hiçbir şey değişmiyor. Meleklerimden yardım istesem de bana cevap gelmiyor" diyerek üzülüyorlar.

Az önce de belirttiğim gibi affetmek, üzerinizdeki birçok blokeyi kaldıracaktır. Bunu başaramadığınızdaysa ne yazık ki her şey yine aynı şekilde devam edecektir. En önemlisi de hayatınızdaki bazı kişilerin enerjinizi aşağıya çekip çekmediğine ya da sizin yaşam enerjinizi kullanıp kullanmadıklarına dikkat etmenizdir. Yaşamınızdaki olumsuz kişiler size olumsuz enerjiler yollayıp hayatınızı alaşağı ediyor olabilirler. Bütün bunları araştırın ve sorununuzun neden çözülmediğini tespit edin. Eğer bunlardan hiçbiri sizi etkilemiyor ya da bütün bu sorunları çözmüş olmanıza rağmen sorun devam ediyorsa geriye tek bir şey kaldı diye düşünüyorum. Yapışıklar ya da geçmişten taşıdığınız tortular. Bunları şifalandırmadıkça hiçbir şey çözümlenemez. Bu blokeler çözüme giden yolu sağlam blokelerle tıkarlar.

Şimdi belki, Aksu Hanım peki siz nereden biliyorsunuz diye soracaksınız.

Evet, ben bir hipnoterapist olarak binlerce vaka çalıştım. Birçok danışanımı seansa aldığımda geçmişten gelen blokelerin şimdiki yaşamı nasıl etkilediğini tespit ettim ve bu geçmiş blokeleri şifalandırdığımda danışanlarınımın sorununun çözüldüğünü gördüm. Bu blokelerden arınan kişiler yaşamlarında inanılmaz değişiklikler yaşıyorlar, çünkü enerjileri dengeleniyor ve yaşamları bu dengeye bağlı olarak düzelmeye başlıyor.

İş, aşk, ilişkiler, bolluk bereket, korkular, acılar, kayıplar şifalanıyor. Geçmişte yaşanan sorunlar bilinçaltında bu ana taşınıyor ve kişinin yaşamı üzerinde çok güçlü olumsuz etkilere neden oluyor. Farkında olmasak da bilinçaltındaki bu olumsuz blokelerin etkisi çok büyük oluyor. Meleklerin ve melek enerjilerinin yardımı ile şifalanan olumsuz enerji blokeleri, şimdiki yaşamda önünüzde tüm kapıların açılmasına ve olumlu enerjileri yaşamınıza çekmenize neden oluyor. Meleklerle terapi ve hipnoterapi çalışmalarında meleklerden yardım alarak ruhsal ve fiziksel şifalanmalar yaşıyoruz. Danışanlarımın yüzündeki mutluluk ve o an melekleriyle girdikleri bağlantıdaki muhteşem anlar görülmeye değerdir. Onlar birebir görüyorlar ki meleklerimiz her an, her saniye bizimle birlikteler ve bize yardıma hazırlar.

Sevgili okularım, şimdi sizlere meleklerle terapi seanslarında kurulan melek bağlantılarından söz etmek istiyorum.

Rüya boyutunda özgür kalan ruhumuz zaman zaman meleklerle ruhsal âlemde bağlantıya geçebilmekte, aynı zamanda ölümle yaşam arası deneyimlerde de ruhsal âleme geçilerek meleklerle bağlantı kurulabilmektedir. Bu iki bağlantı yönteminden farklı olarak ayrıca melek terapisi seanslarında da ruhsal âlemde meleklerle pek çok bağlantı kurulmaktadır. Ben de melek terapisti olarak danışanlarım ve okurlarımla yaptığım seanslarda meleklerle birebir yapılan bağlantılarda pek çok şifa ve mucizelere tanık oldum. Sizlere bu bölümde ruhsal âlemde melekleri anlatabilmek için kendi melek terapi seanslarımı örnek vermek istiyorum. Aslında sizlerle paylaşmak istediğim o kadar çok mucize var ki, inanın aralarından seçim yapmakta zorlanıyorum. Bu nedenle gelecekte bu bağlantıları ayrıca bir kitap hâlinde sizlere sunmayı da planlıyorum.

Melekler ruhsal âlemde biz insanları o kadar büyük bir sevgi, şifa ve yüce bir enerjiyle karşılıyorlar ki, bu mucizeyi anlatmak gerçekten zor. Sizlere öncelikle melek terapisinden kısaca söz etmek isterim. Yarı trans hâlinde sağlanan melek bağlantılarında ruhsal olarak, aynı rüya görür gibi meleklere ve rehber ruhlara ulaşabiliyorsunuz. Böylece ruhunuzun, zihninizin ve bedeninizin melekler aracılığıyla şifalanması sağlanıyor. Sadece meleklerin ışığını görerek ve onların enerjisini hissederek bile pek çok sorunun üstesinden gelmek, yaşama çok daha pozitif bakmak mümkün oluyor.

Melek terapisi sırasında onları kalp gözünüzle görebiliyorsunuz. Yine bu seanslardan birinde bir okurum ve danışanım iş ve özel yaşamındaki sorunları melek yardımıyla aşabilmek için benden yardım istemişti. Terapi sırasında ruhsal âlemi deneyimlemeye başladığındaysa çok farklı bir boyuttan söz etmeye başladı. Şimdi sizlerle bu danışanımın melek deneyimini paylaşmak istiyorum. Böylece onların bizlere nasıl koşulsuz, şartsız bağlı olduklarını ve bizi ne kadar çok sevdiklerini görebileceksiniz.

"Hava ağır, sanki etrafı hafif bir sis kaplamış gibi. Kendimi çok huzurlu ve mutlu hissediyorum" diyerek ruhsal olarak gördüklerini anlatmaya başlıyor.

"Biraz ilerliyorum ve yüzlerce, belki binlerce melek görüyorum. Hepsi de çocuk gibiler. Bir şey bekliyor gibiler ama o kadar kalabalık ki, neyi ya da kimi beklediklerini bilemiyorum. Sonra birden önlerinde bir kapı beliriyor. Kapıyı gördüklerinde çok heyecanlanıyorlar ve hepsi birden büyük bir saygıyla beklemeye başlıyorlar. Kapı o kadar güzel ki, size güzelliğini anlatmakta zorlanıyorum. Ahşap ve çok büyük üzerinde çiçek motifleri var. Böyle güzel bir işçilik yeryüzünde var mıdır, bilemiyorum. Sonra kapı açılıyor. O an tüm çocuk melekler daha bir saygıyla beklemeye başlıyorlar. Onların ne kadar heyecanlı ve ne kadar mutlu olduklarını hissediyorum. Açılan kapıda bembeyaz bir melek beliriyor. O kadar uzun boylu ve o kadar büyük kanatları var ki, diğer melekler onun yanında küçücük kalıyorlar. Büyük meleğin etrafında o kadar güçlü bir ışık var ki onu tam olarak görmek mümkün değil."

Evet sevgili okurlarım, danışanım ruhsal boyutta böyle bir melek hiyerarşi sistemi gördüğünü ifade etti. Pek çok seansımda bu sistemi farklı şekillerde gören danışanlarım oluyor. Danışanıma bu noktada büyük melekten ruhsal olarak yardım istemesini söylüyorum.

"Büyük melek beni hemen duyuyor ve bir anda kendimi onun kucağında kanatlarının arasında görüyorum. Kucağında küçücük kalıyorum. Bana olan sevgisini ruhumun en derinlerinde hissedebiliyorum. Tüm bedenimi onun enerjisi sarıyor. Bu sırada aklıma onlarca soru geliyor ve hepsini telepatik olarak meleğime sormaya başlıyorum.

Ne olacak?

İşlerim yoluna girecek mi?

Özel hayatımda neler olacak?

Ama birden bu sorular kayboluyor. Huzur, mutluluk ve inanılmaz bir sevinç hissediyorum. Ve kalbim sevgiyle dolup taşıyor. Hiç yaşamadığım, hiç hissetmediğim kadar büyük bir sevgi. Bu sevginin beni şifalandırdığını telepatik düşünce yoluyla bana söylüyor ve merak etme her şey yoluna girecek diyor."

Terapi sonunda danışanımın yaşadığı melek deneyimi ile ilgili yorumunu onun da izniyle sizlerle paylaşmak istiyorum.

"Aksu Hanım bu öyle büyük bir sevgiydi ki, size bunu anlatabilmem gerçekten de çok zor. Orada, o ruhani boyutta o kadar yüce bir huzur var ki, bunu dünya boyutunda yaşamak sanırım imkânsızdır. Ayrıca bütün o soruların ve sorunların aslında kolaylıkla aşılabileceğini biliyorum artık, çünkü meleğim bana her şeyin yoluna gireceğini söyledi. Bana verdiği enerji ve sevgiyle tüm zorlukların üstesinden gelebileceğimi hissediyorum. Hayatımda hiç olmadığım kadar enerjik ve pozitif hissediyorum."

Evet sevgili okurlarım, melekler çok yüksek enerji boyutunun temsilcileridir. Bizler onlarla bağlantıda kalmak istediğimiz, onlara güvendiğimiz sürece de bizlere Allah'ın izni ile yardım etmeye devam edeceklerdir.

Başka bir melek terapisi seansındaysa yarı trans hâlinde yine aynı şekilde yüzlerce melek gören bir danışanım bakın ruhsal âlemi nasıl anlatıyordu.

"Bulutların üzerinden uçabiliyorum. Her yerde bembeyaz bulutlar var ve bulutların arasından birden bir geçit açılıyor. Bu geçide giriyorum ve birden başka bir yeryüzü ile karşılaşıyorum. Dünyaya benziyor her yer yemyeşil. Ağaçlar ve çiçekler var, ama oranın dünya olmadığını biliyorum. Bunu hissedebiliyorum. Biraz daha yükseldiğimdeyse başka bir yere geliyorum. Burada hava daha ağır. Sanki burası dev bir bulutun içindeki bir gezegene benziyor. Hava çok güzel ve çok güzel kokular olduğunu duyabiliyorum. Bu kokuları tarif edemem ama çok güzeller. Çiçek kokusu gibi sanki zambak gibi ama değil daha güzel.

Sis biraz dağıldığında aşağıyı görmeye başlıyorum. Yüzlerce melek var. O kadar güzeller ki, hepsi de bekliyor. Başları önlerinde bekliyorlar. Hissettiğim huzuru ve mutluluğu anlatmam gerçekten çok zor. Her yer o kadar sessiz ve o kadar büyük bir sevgi var ki..."

Bir melek terapi çalışmamda gördüm ki bazı danışanlarımın ahiret hayatı meleklerden, hatta her an onların bize yardım için hazır olduklarından haberleri bile olmadığını fark ettim. Melekleriyle bağlantıya girdiklerinde ve Yaradan'ın izniyle şifalanmaya başladıklarında meleğine neden bana yardım etmedin, neden beni korumadın gibi sorular soruyorlar.

Meleğiyse, "Sen istemedin. Eğer isteseydin biz her an yanındaydık, ama sana yardım edebileceğimize inanmıyor ya da bilmiyordun. İsteseydin biz sana yardım etmeye her an hazırdık" diyorlar.

Bunu deneyimleyen danışan o andan sonra meleğinin varlığını ve Yaradan'ın izni ile ona yapabileceği her yardımı biliyor ve her an Yaradan'dan ve meleklerinden yardım istemeye hazır oluyor. Danışanlarım, ruhsal olarak bağlantıya geçtikleri meleklerin muhteşem görünümleri, güçleri ve o güzellikleri karşısında uzun zaman kendilerine gelemiyorlar.

Evet sevgili okurlarım bir kez daha diyorum. Siz istemedikçe onlar asla hayatınıza müdahale etmezler. Melekler size yardıma hazırlar.

Melekler size fısıldarlar.

Sizlerle konuşurlar.

Sizlere tatlı hislerle varlıklarını belli ederler.

Mesajlar verirler.

Bazen birden içimizde inanılmaz bir sevgi coşkusu, mutluluk ya da huzur hissederiz. İşte bu, onların bizlere kendilerini hissetirme yöntemlerinden biridir.

Şifa melekleri ve başmeleklerle ya da ruhsal rehberlerinizle çalışarak sizler de melek enerjilerine uyumlanabilirsiniz.

Melek enerjilerine uyumlandığınızdaysa onlarla bağlantı kurmanız kolaylaşacaktır. Size onlar her zaman yardımcı olacaktır!

Melek terapi seanslarında danışanlarımla melek enerjileri yardımıyla çalışarak, onların melek enerjilerine uyumlanmalarını sağlıyorum. Ve bu uyumlanma sırasında danışan, meleğinin gücünü, yardımlarını, onun nurunu ve ışığını hep görebiliyor.

Melekler âlemine kalbinizi açıp, bağlantıları öğrendiğinizde meleklerden, melek rehberlerden ve

Yaratan'dan kendiniz için ilahi rehberlik almayı öğreniyorsunuz. Ben bu öğretileri verirken hep heyecan duymuşumdur. Meleklerle bağlantı sizlerin derin bir ruhsal düzeye ulaşmanızı sağlamaktadır. Melekler âlemi herhangi bir din, cinsiyet veya kültür ayırt etmemektedir. Onlar bizim fiziksel âlemimizin ötesinde bir boyuttadırlar. Koşulsuz sevgi için her zaman yüksek titreşim yayarlar!

Meleklerle bağlantı kurmayı öğrendiğinizde size huzur, mutluluk, sevinç kolaylıkla ve ömür boyu akmaya devam eder.

Melek rehberliğinde meditasyon yapmak için kendinize sessiz bir yer ve zaman ayırmanız yeterlidir.

Meleklerle bağlantıya geçtiğiniz anda sizi duyarlar.

Melekler bizim talebimiz olmadan asla yaşamımıza müdahale etmezler.

Şu anda da onlar bizim yanımızdalar ve inanıyorum ki siz bu satırları okurken çok mutlular.

Yıllardan beri "Melekler Âlemi"nin sevgi, yardım ve bilgeliği için danışanlarıma, dostlarıma yardımcı oldum. Yüksek enerjiyi melek meditasyonlarında kendilerine nasıl uyumlayacaklarını onlara öğretmeye çalıştım. Bunu her zaman çok severek ve mutlulukla yaptım. Ruhsal uyanış artık başladı ve bu uyanışa yardımcı olmak için birçok insanın hayatına dokunuşlar yaptım. Sizlere de ruhsal uyanışınızda yardıma hazırım.

Melekler ruhsal, fiziksel, bedensel, zihinsel, duygusal, aile ilişkileri, aşk ve arkadaş, patron-işçi ilişkilerinde size yardımcı olabilirler.

Hayatınızın her anında, her sorununuzda onlardan yardım alabilirsiniz.

Bolluk, bereket tıkanmalarında, kariyer, iş, evlilik alanlarında melekler bizi iyileştirmek için Allah'ın izni ile yardımcı olabilirler.

Tüm sistem aslında sadece bizlerin mutlu olması için kurgulanmıştır. O zaman yüce Yaradan'ın bize sunduğu her şey ne kadar da değerlidir.

FARKINDALIK BİR ANAHTARDIR...

Ne kadar da güzel bir söz değil mi? O hâlde siz de artık anahtarınızı çevirin ve melekler âleminin kapılarını açın ve Yaradan'ın izniyle onlarla iletişime geçin.

Melekler insanlara birçok haberler, müjdeler verirler. Yanınızda olduklarını size neşe, umut, sevinç ve sorunlarınıza çözüm getirerek haber verirler.

Örneğin, birçok danışanım olmadık yerlerde harika, güzel tüyler bulduklarını söylüyorlar. Zaman zaman bana buldukları tüyleri de getiriyorlar. Gerçekten muhteşem oluyorlar.

Bazen paralar bazende ilgisi olmayan yerde yanıp sönen meleklerin ışıklarını (nurları) görüyorlar. Hiç olmadık zamanlarda inanılmaz bir sevinç hissettiklerinden söz ediyorlar. İşte o zaman bilin ki meleklerin alanındasınız yani melekleriniz sizlerle bağlantıdalar, biz buradayız diyorlar.

Zor bir andasınız ama birden içinizdeki umutsuzluk ya da korku geçiyor biri size korkma, her şey iyi olacak diye fısıldıyor. Bu demektir ki rehberimiz, meleklerimiz hazırlar ve bize yardıma gelmişler. Bazen öyle kazalar olur ki içinden sağ çıkmak mümkün değildir, ama insanlar buna rağmen mucizevi bir biçimde kurtulmaktadırlar. İşte bu mucize Allah'ın izniyle meleklerimizin orada olduğunu göstermektedir. Demek ki henüz zaman dolmamış ve daha yaşanması gereken günler vardır. Bu nedenle bizim mucize olarak nitelendirdiğimiz bu kurtuluşlar aslında meleklerin görevlerini yapıyor olmalarıdır.

Diyelim ki çok sıkıntılı bir andasınız. Maddi sıkıntılar içindesiniz ve hiç umudunuz yok ama meleğiniz fısıldıyor, sanki birilerinin kulağına size yardım etmesi için fısıldıyor ve birden bir vesileyle birilerinden yardım alıyor ve zorlukların üstesinden geliyorsunuz. Size olmuyor mu? Hepimiz zaman zaman hiç beklenmedik bir anda ve beklenmedik birilerinden yardım alabiliyoruz. Melekler bizim ne zaman yardıma ihtiyacımız olduğunu bilirler ve hemen bir çözüm bulurlar.

Melekler hem bu dünya yaşamında, hem de öte âlemde hep yanımızda ve bizimledirler. Öte âlemdeyse ruhlarımızı şifalandırırlar. Bazı insanlar melekleri duru-işiti dediğimiz şekilde duyabiliyor, bazen de renkli ışıklar hâlinde görebiliyorlar. Benim de bir arkadaşım böyle bir melek mucizesine tanık olmuştu.

Bir gün avizesinde asılı olan bir melek biblosu, içinde pil olmamasına rağmen yanıp sönmüş. Arkadaşım bunu fark edince şaşkınlıkla kızına, "Bak içinde pil olmamasına rağmen melek biblosu yanıp söndü" demiş. Kızı bunu duyunca gülmüş, ama bir süre sonra sanki buradayım der gibi biblo tekrar yanıp sönmeye başlamış ve kızı da biblonun içinde pil olabileceğini düşündüğü için açıp pilleri kontrol etmiş ve hayretle biblonun pilleri olmadığını görmüş...

Sevgili okurlarım, artık inanmaya başlayalım. Yaradan'ın melekleri var ve koşulsuz şartsız bizleri seviyor, bizlere yardım ediyorlar. Şimdiki bölümde sizlerle yaşanmış melek mucizelerini paylaşacağım. Başka bir kitabımdaysa sizlere sadece yaşanmış melek mucizelerini yazacağım...

MELEKLERLE BAĞLANTI DENEYİMLERİ - RUHSAL ÂLEMDE MELEKLER

Sevgili okurlarım, durugörü çalışmalarımda meleklerin ve rehber ruhların büyük bir göksel plan ve düzene bağlı olarak çalıştıklarını tecrübe ettim. Bu düzen Allah'ın katına o kadar güçlü bir sistemle bağlı ki, insan aklının sınırları bunu idrak etmekte zorlanıyor. Allah istemeden tek bir yaprak bile kımıldamıyor, tek bir melek bile bağlı olduğu çalışma sisteminden ayrılamıyor. Koşulsuz, şartsız çok büyük bir düzen, çok büyük bir iman ve itikat var. İnsanlar tarih öncesi çağlarda meleklerle bağlantılar kurmuş ve onlarla çalışmış. Bugün de ruhsal olarak meleklerle bağlantıya geçebilen, onları görebilen ve onlarla çalışabilen pek çok insan var. Bunu sizler de başarabilirsiniz. Ancak yaşadığımız dünyanın üzüntüleri ve sorunları bizi belirli bir seviyede tutmaya, böylece yüksek benliğimizle bağlantı kurmamız için engel oluşturmaya devam ediyor.

Size geçtiğimiz sayfalarda sunduğum meditasyon ve bağlantı çalışmalarında öncelikli olarak hep bu sorunlardan arınmanızı ve şifalanmanızı hedefliyordum. Çünkü zihninizi negatif düşüncelerden arındırmadığınız sürece yüksek benliğinizle ve meleklerinizle bağlantıya geçmeniz zorlaşıyor. Yüksek benliğiniz yani ruhunuz aslında geçmişin, geleceğin, bu âlemin ve öte âlemin şifrelerini saklı tutuyor. Ölümle yaşam arası deneyimler üzerine yaptığım araştırmalarda ve kendi çalışmalarımda meleklerin ruhlara nasıl rehberlik etmiş olduklarını gördüm. Melekleri daha iyi tanıyabilmeniz açısından ölümle yaşam arası deneyimleri sizlerle paylaşmak istiyorum. Böylece onların bizlere hem bu dünyada, hem de öte âlem de koşulsuz sevgi ve büyük bir bağlılıkla nasıl yardımcı olduklarını daha iyi anlayabilirsiniz.

Sevgili okurlarım, koma ve ölüme yakın deneyimlerde pek çok melek bağlantısı yaşanmaktadır. Bu bağlantılar da çok çarpıcı ve bu tür deneyimleri yaşayan insanlar yeniden iyileştiklerinde artık yaşamlarında büyük bir farkındalığa eriştiklerini söylüyorlar. Şimdi sizinle geçirdiği bir trafik kazası nedeniyle ameliyata alınan bir okurumun bu süreçte yaşadığı ruhsal melek bağlantısını paylaşmak istiyorum. Kendisi şu anda yirmi yaşında olan okurum kaza geçirdiği ve ameliyat olduğu dönemde on yedi yaşındaydı. Yaşadıklarını kendi sözleriyle sizlere aktarmaya çalışacağım.

"O gece arkadaşlarımla çok eğlenmiştik. Her şey harikaydı. Doğum günü kutlamasına katılmıştık ve saat on bir olduğunda ablam gelip beni arkadaşımın evinden aldı ve yola çıktık. Arabada ablam ve ben vardık. Ben önde ablamın yanında oturuyordum. Hava yağmurluydu ve iki gün önce yağan kar yüzünden yol oldukça kaygandı. Son olarak hatırladığım şey arabanın benim oturduğum koltuğun tarafına doğru devrilmesiydi. Ve son olarak ablamın bana dikkat et, diye bağırdığını duydum. 'Damla dikkat et!' diye bağırıyordu. Bense o anda ne bir acı, ne de bir korku hissetmiyordum. Sadece bir ışığa doğru hızla çekilmeye başlamıştım ve bunun ne olduğunu bilmiyordum.

Emin olduğum tek şey o ışığa gitmem gerektiğiydi ve hızla ışığa çekildim. Sonra üzerimde beyaz bir giysiyle oturduğumu fark ettim. Burası bizim dünyamıza benzemiyordu. Hava daha ağırdı ve etrafta uçuşan ışık kümeleri vardı. Bu ışıkların önce yıldızlar olabileceğini düşünmüştüm, ama çok hızlı hareket ediyorlardı ve yıldız gibi değillerdi. Birden o ışık kümelerinden birinin yanıma yaklaştığını ve birden bir meleğe dönüştüğünü fark ettim. Bu bir anda oluvermişti. Çok güzel kanatları olan bir melekti ve etrafına ışıklar saçıyordu. Sonra birden elinde bir kitap olduğunu fark ettim. Kitabı yavaşça açtı ve bana ölmediğimi, dünyaya geri döneceğimi, burada kısa bir süre bulunmam gerektiğini söyledi.

Sonra birden kendimi floresanlarla kaplı ameliyat odasında gördüm. Doktorlar bedenimi ameliyat ediyorlardı, ama ben onları yukarıdan izliyordum. Bir süre etraflarında uçtum ama beni görmüyorlardı. Sonra yeniden hızla aynı ışığa çekildim ve kendimi meleğimin yanında buldum. Etrafa baktığımda bizim gibi başka gruplar olduğunu da gördüm. Melekler yanlarında benim gibi insanlarla oturmuş konuşuyorlardı. O kadar huzurlu ve o kadar güzel bir yerdi ki oradan ayrılmak istemiyordum. Meleğimin yanında olmak huzur ve güven veriyordu. Onun sevgisini hissedebiliyordum. Bu sevgi çok güçlüydü ve dünya üzerindeki hiçbir sevgiye benzemiyordu.

Arada hatırlayamadığım bazı ayrıntılar var ama en çok meleğimin bana her şeyin benim seçimim olduğunu söylediğini anımsıyorum. Meleğimin yanında kaldığım sürece sanki normalde olduğumdan çok daha bilgeydim. Yani sanki geçmişi, geleceği, her şeyi biliyor gibiydim. Meleğimi ve bulunduğumuz o dünyayı çok yakından tanıyor gibiydim. Şimdi yaptığım araştırmalarda öğrendim ki ruh bilirmiş. Yani bizler zihinsel olarak bilemesek de, ruhsal olarak biliyoruz. Uyandığımda etrafımda bütün ailem vardı. Orada, meleğimin yanında çok az kaldığımı sanıyordum ama neredeyse iki gün boyunca meleğimle birlikteymişim. Bana sadece birkaç dakika gibi gelmişti. Şimdi anlıyorum ki uzay ve zaman farkı bu duruma neden oluyor. Benimse aklımda sadece meleğim vardı ve onu ne kadar özlediğimi düşünüyordum."

Evet sevgili okurlarım, Damla'nın yaşadığı bu deneyimde ruhların aslında her şeyin nasıl farkında olduklarını görebiliriz. Ruhlar biliyor ve evet diğer boyutlarla bu boyut arasında zaman farkı var. Yani burada geçen saatler, günler ve yıllar ruhsal boyutta beş dakika gibi geçmiş gelebiliyor.

Şimdi sizlerle yine koma sırasında meleklerden yardım alan bir okurumun ruhsal âlemde neler gördüğünü paylaşmak istiyorum. Antalya'dan bir okurum benimle yaşadığı deneyimi paylaşıyor.

"Akciğer hastasıyım ve hastalığımın bir aşamasında banyoda başımı çarpıp düştüğümde bu dünyayla olan bağlantımı yitirdim. Âdeta başka bir dünyaya, başka bir âleme gitmiştim ve tamamen bu dünyadan koptuğumu hissetmiştim.

Banyoda yere düştüğümde birden önümde beyaz bir ışık belirdiğini gördüm. Bu ışığa ilerlediğimde bedensiz olduğumu ve ışığa gidenin ben değil, ruhum olduğunu fark ettim. Hiç tereddüt etmeden o ışıktan geçtiğimde puslu bir mekâna ulaştım. O kadar güzeldi ki sizlere anlatamam. Her yerde melekler vardı ve beyazlar giymiş insanlarla kısa, taş duvarların üzerinde oturmuş konuşuyorlardı. Bazı meleklerin ellerinde kitaplar vardı. Meleklerin beyaz kanatları ve bembeyaz uzun elbiseleri vardı. Çok güzel görünüyorlardı. Ortadaki havuz sular akıyordu. Benim yanıma da bir melek geldi. Çok güzeldi, elimi tuttu ve beni havuzun kenarına oturttu. Onunla birlikte telepatik olarak yani zihin yoluyla konuşmaya başladık. Bana endişe etmemem gerektiğini ve kısa süre sonra geri döneceğimi, hastalığımın iyileşeceğini söyledi.

Ben çok mutluydum. Uzun zamandır ilk defa kendimi bu kadar sağlıklı, mutlu ve huzurlu hissediyordum. Mutluluğumu size tarif edemem. Ona gitmek istemediğimi telepatik olarak söylediğimde, merak etmemem gerektiğini ve dünyadaki yaşamımın henüz sona ermediğini ve daha zamanım olduğunu söyledi. Ona karşı içimde müthiş bir sevgi ve güven vardı. O gerçekten melekti ve bana yardım ediyordu. Zihnime telepatik olarak şöyle bir mesaj gönderdi.

'Ben senin koruyucu meleğinim. İyileştikten sonra dünyadaki yaşamını sürdüreceksin ve çok mutlu olacaksın. Evleneceksin, çocukların ve torunların olacak. Zamanı geldiğinde yine burada seni ben karşılayacağım' dedi.

Elini sıkıca kavradım ve gitmek istemediğimi söyledim ama bir güç beni ondan uzaklaştırıyordu. Çok büyük bir güçtü ve beni çekiyordu. Beyaz bir sis bulutunun içinden geçtim ve doktorların sesini duydum.

'Başardık, geri geldi!' diye bağırıyorlardı. Oranın hastane olduğunu ve bana kalp masajı yapıldığını fark ettim, çünkü göğsümde ağır, metal bir güç hissetmiştim. Meleğimden ve o gittiğim huzurlu yerden ayrıldığım için çok üzgündüm. Hâlen baygındım ama bilincim açıktı. Konuşmaları duyabiliyordum. Koruyucu meleğim sanki bana bir yaşama enerjisi, yaşam sevgisi vermişti. Onun bana verdiği huzur o kadar müthişti ki, onun sözünü dinlemek ve yaşamak için zihin gücümle mücadele vermeye başladım.

Zamanı geldiğinde beni yine karşılayacağını ve bana yardım edeceğini söylemişti. Ona inanıyordum. Bu şekilde yaklaşık iki gün boyunca yoğun bakımda kaldıktan sonra tedavim hızla sonuç vermeye başladı. Şimdi aradan iki yıl geçti ve ben hastalığım nedeniyle dondurmak zorunda kaldığım üniversite öğrenimime devam ediyorum. Teşekkür ederim koruyucu meleğim."

Bir diğer paylaşımsa Gaziantep'ten. Gaziantep'te yaşayan Meral Hanım gördüğü rüyadan çok etkilenmiş. Meral Hanım rüyasını o sabah bana mail atmıştı. Mailini okuduğumda ben de en az Meral Hanım kadar etkilenmiştim. Şimdi sizlerle Meral Hanım'ın mailini paylaşmak istiyorum.

"Meleklere çağrılar yapmaya başladığımdan beri tüylerle, rakamlarla mesajlar almaya devam ediyordum, fakat daha önce rüyalarımda bağlantıya geçmemiştim. Aslında rüyalarım hep pusludur ve az rüya görürüm. Gördüklerimi de hatırlamakta her zaman güçlük çekerim fakat sabaha karşı gördüğüm rüya çok netti. Meditasyon çalışmalarını haftada birkaç gece yapmaya çalışıyorum. Böylece günün stresinden ve zihnimin yoğunluğundan melekler yardımıyla arınabiliyorum. Dün gece yine meleklerle bağlantı ve zihnimi arındırmak için yaklaşık on dakika kadar süren bir bağlantı meditasyonu yapmıştım. Sabaha karşı üçte birden uyandım. Uyandığımda içimde çok garip bir huzur vardı. Neden uyandığımı anlayamamıştım ama içimdeki huzurun bir süre tadını çıkardıktan sonra yeniden uykuya daldım ve rüya görmeye başladım.

Bembeyaz bulutların üzerinden hızla daha yukarı doğru uçarak bir yere ulaştım. Burası sanki başka bir boyuttu. Dünya gibi değildi ve her yer bulutlar arasında bembeyazdı. Orada olmak o kadar huzur ve mutluluk veriyordu ki, o mutluluğu kelimelerle tarif etmek hiç kolay değildi. Bulutların arasından bir alana ulaştım ve yerde (yani bulutların üzerinde) oturan çocuklar gördüm. Hepsi de beyaz giyinmişlerdi ve bir araya toplanmışlardı. Onlara biraz daha yaklaştığımda hepsinin birden aynı yöne doğru baktıklarını fark ettim ve baktıkları yönde çok güzel bir melek gördüm. Kanatları vardı ama ışık gibiydi. Meleğin bedeni de ışıltılar içinde, siluet gibiydi ve elinde bir kitap tutuyordu.

Kitaba bakıyor ve anlatıyordu, fakat konuştuğu dil çok farklıydı. Ben uçtuğum için daha yüksekte duruyordum ve meleğin ne anlattığını anlamaya çalışıyordum. Çocuklara ders verdiğini biliyordum. Onlara bir şeyler öğretiyordu. Yoğunlaşmaya çalıştığımda birden kendimi aşağıdaki çocukların arasında buldum. Artık ben de bedenleşmiştim ve çocuk hâlimdeydim. Etrafımdaki çocukların yüzlerini incelemeye başladım. Hepsi de dikkatle melek öğretmenlerini dinliyorlardı ve yüzlerinde çok mutlu, çok huzurlu olduklarını gösteren bir ifade vardı.

O sırada öğretmen meleğin ne söylediğini duymaya ve anlamaya başladığımı fark ettim. İyi ama bu benim bildiğim bir dil değildi. O zaman ne söylediğini nasıl anlayabiliyordum? Meleğin konuştuğu dili duyuyor ve zihnimde onun ne dediğini Türkçeleştirebiliyordum. Bizlere ruhsal bazı bilgiler verdiğini anladım, fakat sanki aynı anda hepimize seslenirken, ayrıca her birimizle teker teker bağlantı kurabiliyordu.

Bana okulumdan mezun olabileceğimi söyledi. Bu inanılmazdı. Gerçekten de günlerdir final sınavlarını düşünüyordum ve mezun olup olamayacağımdan endişe ediyordum. Ona hemen telepatik olarak teşekkür ettim. Bunu yapmam gerektiğini biliyordum. Kalbimde ona karşı büyük bir sevgi yükseliyordu ve ona daha fazla soru sormak istiyordum. Dünyayla ilgili, ailemle ilgili, her konuda sorular sormak istiyordum, fakat o bana ruhsal olarak yükseldiğim mesajını iletti.

"Ruhsal olarak yükseliyorsun. O nedenle buradasın" dedi. Bunu o kadar net bir biçimde duyabilmiştim ki, aynı anda içimde yükselen bir coşku hissettim. Bir süre öğretmen meleğe baktım. Işıl ışıldı ve ışık kanatları çok güzeldi. Orada biraz daha kalmak istiyordum, fakat hızla yeniden yukarı doğru yükseldim. Şimdi yine bedenli değildim ve çocuklarla melek öğretmeni yukarıdan izliyordum. Buradan konuştuklarını duyamıyordum ve birkaç saniye sonra hızla geriye, bedenime doğru çekildim. Uyandığımda gözlerim başucumdaki saate ilişti. Üçü yirmi beş geçiyordu. Saat üçte uyanmıştım ve büyük ihtimalle üçü yirmi geçe uyumuş olmalıydım.

Dünya saatiyle rüyamda sadece beş dakika içinde başka boyuta gidip geri gelmiştim. Oysa ben çok uzun dakikalar boyunca o boyutta melek öğretmenden eğitim almış gibi hissediyordum ve yeryüzü boyutunda uyuyalı sadece beş dakika olmuştu. Bir süre gördüğüm rüyanın tadını çıkardım. Kendimi çok mutlu hissediyordum. Bir o kadar da huzur içindeydim. Sanki melek terapisi almıştım. Meleğime çok teşekkür ederim. Aksu Hanım, size de meditasyon çalışmaları konusunda bana destek olduğunuz için çok çok teşekkür ederim. Lütfen gördüğüm bu rüyayı okurlarınızla paylaşın. Onlarda meleklerle bağlantı çalışmalarına devam etsinler. Sonunda benim gibi rüya kanalıyla bağlantı kurabilirler..."

Sizlerle bir yakınımın hastanede tedavi olurken gördüğü melek rüyasını paylaşmak isterim. Sevgili okurlarım, bu gerçekten beni çok etkileyen melek bağlantılarından biridir. Okuduğunuzda sizin de çok etkileneceğinizden eminim. Pınar çok sevdiğim bir arkadaşımın kızıdır. Beş yıl kadar önce, tümörün alınması için ameliyat olmak üzere hastaneye yattı. Ameliyata girmeden birkaç saat önce Pınar bir rüya gördü ve ameliyattan çıktıktan bir gün sonra rüyasını benimle paylaştı. Şimdi sizlere bu rüyayı Pınar'ın anlatımıyla aktarıyorum. Bakın bu rüyada nasıl güçlü bir şifa ve melek bağlantısı var...

"Bulutların arasından ruhsal olarak uçarken altın renginde bir kanal gördüm ve o kanaldan geçtim. Kanalın sonunda çok güzel bir kapı vardı ve kapıyı iki melek yukarıdan tutuyorlardı. Sanki kapının koruyucuları gibiydiler ve ben biraz daha yaklaştığımda kapıyı açıverdiler.

İçerisi meleklerle doluydu ve melekler gruplar hâlindeydiler. Bu gruplar sayısız meleklerden oluşuyorlardı. Bu gruplardan biri secde ediyor ve sürekli dua ediyordu. Arada koridor gibi boşluklar vardı ve diğer melek gruplarının bazılarının sadece durup beklediklerini, bazılarının bir şeyler için hazırlık aşamasında olduklarını gördüm. Tüm gruplar farklı şekilde çalışıyor gibiydiler. Secde ve duada olan grubun tam üzerindeydim. Onların ibadeti ve Allah sevgisi ruhumu coşturmuştu. Oradan ayrılmak istemiyordum.

Sonra bu grubun önünde bir kapı belirdi ve o gruptaki melekler hafifçe doğrulup bekleşmeye başladılar. Kapı yavaşça açıldı ve bekleyen gruptaki minik meleklerden çok daha büyük bir melek kapıda belirdi. Bembeyaz ışık kanatları vardı ve bedeni de ışıktandı. Ona bakmakta zorluk çekiyordum ve meleklerin de başları önlerindeydi. Birden kendimi o meleklerin arasında buluverdim. Ön sıradaydım ve bekliyordum. Kapıdaki büyük melek bana elini uzatarak elimi tuttu. O elimi tutunca doğruldum ve birden boyum uzayıverdi. Büyük melek bana doğru eğildi. Boyum uzamış olsa da ona erişmemin imkânı yoktu. Gerçekten çok büyüktü. Bana doğru eğildikten sonra bir süre yüzüme baktı ve kulağıma doğru 'Korkma' dedi."

Pınar, "Evet, çok korkuyordum. Çok endişeliydim ve neler olacağını bilmiyordum. Sürekli olarak dua ediyordum. Bir umut için yalvarıyordum" diyerek sözlerine devam ediyor.

"Bunu söyledikten sonra biraz daha eğildi ve 'İyi olacaksın' dedi. Bunu fısıltıyla ama çok güzel bir sesle söylüyordu. İnanılmaz bir huzur, cesaret ve mut luluk hissediyordum. Uykuya dalmadan önceki tüm endişelerim, korkularım sanki gitmiş, kaybolmuştu. O sırada ameliyatım nasıl geçecek diye sormak istemiştim, ama konuşamıyordum. Onunla konuşmak mümkün değildi ama o beni duyuyordu biliyordum. Bu çok farklı bir duygu Aksu abla ama gerçekten onun beni duyduğunu hissediyordum.

Zaten sorumu düşündüğüm anda yanıtım gelmişti. 'İyi geçecek' diye fısıldadı yine su gibi bir sesle. Sonra elimi tuttu ve ondan akan enerjiyi hissetmeye başladım. Enerjiyi çok güçlü hissediyordum. Sanki o enerji beni iyileştiriyordu. Bu şekilde sonsuza dek kalabilirdim. Orası o kadar huzurlu, o kadar mutlu ve güvende hissettiriyordu ki bunu anlatmaya kelimeler yetmez. O şekilde meleğime yaslanıp kalmıştım ve o ışıktan eliyle elimi tutmaya devam ediyordu.

Hemşirenin hazırlanmam gerektiğini söyleyen sesiyle uyandığımda neredeyse üzüntüden ağlayacaktım, çünkü o beni meleğimden ayırmıştı ama uyanmak zorundaydım, ameliyata girmek için hazırlanmam gerekiyordu..."

Pınar birkaç gün sonra iyileşmişti. Ameliyat başarılı geçmişti. Pınar gördüğü bu rüyanın haberci rüya olduğuna ve meleğinin ona yardım ettiğine inanıyor. Gördüğü o şifa ve bağlantı rüyasını yaşamının sonuna kadar unutamayacağını söylüyordu. Aradan beş yıl geçti ve Pınar okulundan mezun oldu, işe başladı...

Sevgili okurlarım, sizlerle kendi deneyimlediğim bir melek bağlantısını paylaşmak isterim. Bu bağlantıyı yaklaşık on yıl kadar önce deneyimledim. Ben her gece dünyamız, bitkiler, hayvanlar ve insanlar için dua eder, Allah'a yalvarırım. Çok yoğunlaştığım zamanlarda meleklerimi hep etrafımda hissederim. Onların yanımda olduklarını daha çok yayılan çiçek kokularıyla tahmin ederim. Yoğun şekilde konsantre olup dua ettiğim zamanlarda meleklerim çiçek kokularıyla geliyorlar. Çocukluğumdan itibaren pek çok rüya ve durugörü bağlantılarım olmuştur, fakat bu çok açık bilgiler aldığım bağlantılardan biri olmuştu. Bu bağlantım Afrika'da açlık çeken çocuklarla ilgiliydi. O akşam onlarla ilgili bir haber okumuştum ve bu haberin üzerinde çok yeni çekilmiş, insanın içini parçalayacak kadar üzücü bir fotoğraf vardı. Fotoğrafta beş çocuk yan yana durmuş objektife doğru bakıyorlardı. Gözlerindeki ifade acı doluydu. Yüzlerindeki hüzün inanılmazdı, dört ya da beş yaşlarındaydılar ama sanki yüzlerce yılın acısını omuzlamış gibiydiler. Onlar için tüm gece dua etmiştim ve uykuya dalmadan önce yarı uyanık yarı uyku geçişinde melek bağlantısı kurma şansını yakaladım.

Gördüğüm bir lüsid (lucid) rüyaydı. Yani çok bilinçli ve netti. Rüyamda bulutlar arasından hızla daha yukarı doğru yükseliyordum. Bulutların bütün kıvrımlarını görebiliyordum. Hepsi de çok güzel görünüyordu. Hızla yükselmeye devam ettim ve istemsiz bir şekilde belli bir yöne doğru uçmaya başladım. Nereye gittiğimi bilmiyordum ama çok hızlı ilerliyordum. Sonunda bir yerde durdum. Her yer çok aydınlıktı ve artık bulutlar yoktu. Bu kez aşağı doğru inmeye başlamıştım. Bu iniş çok hızlıydı fakat hiç korkmuyordum.

Bulutsuz gökyüzünde aşağı doğru inmeye devam ettim ve birden aşağıda Afrika'yı haritada çizildiği şekilde gördüm. Başta oranın neresi olduğunu anlayamamıştım fakat biraz daha dikkatli bakınca Afrika'nın üzerinde uçtuğumu fark etmiştim. Bu sırada yanımda hızla hareket eden beyaz ışıklar olduğunu gördüm. Çok hızlı uçuyorlar ve etrafımda kavisler çiziyorlardı. Havanın içinde süzülüyor fakat çok hızlı hareket ediyorlardı. İçlerinden biri bana doğru gelip yanımda duruverdi. Az önce ışık şeklinde uçan, şimdi durduğunda kanatları olan bir meleğe dönüşüvermişti. Bana doğru bakarken, aklıma telepatik olarak ulaştığını fark ettim.

Bana kendilerini tanıtıyordu. Telepatik olarak kendilerinin melekler grubu olduklarını söyledi. Beni hafifçe aşağı doğru çektiğini hissettim. Fakat ben bedenli değildim, kendimi göremiyordum ama ruh olarak uçtuğumu, bir tür astral seyahat yaptığımı biliyordum. Afrika'nın kurak bölgelerinden birini kenarda köşede yatan çocukları ve anneleri görebiliyordum. Bu sırada melekler grubunun onlara yaklaştığını gördüm. Her biri birinin yanındaydı. Onların etrafını altın rengi enerjilerle sarmaya başladılar.

Ben tam meleklerin bu şekilde ne yaptıklarını düşündüğüm sırada, yanımdaki rehber melek zihnime telepatik olarak onlara yaşam gücü verdiklerini söyledi. Bağlantıya geçtikleri yarı baygın hâldeki insanlar kıpırdamaya başlıyorlardı. Bütün bu gördüklerimin gerçek bir mucize olduğunu düşünürken zihnimde rehber meleğin sesini duydum "Bu gerçek" diyordu. Dönüp ona doğru baktığımda hızla başka bir yöne doğru uçtuğunu gördüm ve ben de hemen arkasından uçtum.

Onu baştan beri rehber melek olarak hissetmiştim. Bunun nedenini şimdi gayet iyi anlıyordum, çünkü rehber melek bir yardım konvoyu kamyonunun önünden uçuyor ve sanki yardım ekibine yol gösteriyor gibiydi. Yardım kamyonu kısa süre sonra meleklerin insanlarına enerji verdiği köyün girişinde durdu. Kamyondan inen yardım gönüllüleri kutuları köyün içine doğru taşımaya başladılar. Rehber melekse gönüllülerin etrafında uçuşuyordu. Kısa süre içinde küçük köyde yaşayan herkese yardımları ulaştırdılar. Yardım konvoyu işlerini bitirdiğinde rehber melek ve diğer melekler yeniden bir araya toplandılar. Ve yeniden hepsi birlikte ışık huzmesi içinde kaybolup gittiler.

Yalnız kalmıştım ve hâlen aşağıdaki Afrika köyüne bakmaya devam ediyordum. Çocukların, anne ve babaların yüzleri gülüyordu. Herkes heyecanla yardım kutularını açıyor, içinden erzakları, konserveleri çıkarıyorlardı. Meleklerin o köy halkına verdiği yaşam enerjisinin sıcaklığını hissedebiliyordum. Sanki tüm köyü sarmıştı. Üstüne bir de yardım konvoyunun gelmesiyle birlikte sanki bayram havası yaşanıyordu. Çocuklar hemen annelerinin elinden yemek yemeğe başladılar. Gülüyor, oynuyorlardı. Onları gülerken görmek çok güzeldi...

Uyandığımda kendimi çok mutlu hissediyordum. Bu bir bağlantı rüyasıydı ve meleklerim bana Afrika'daki çocukları göstermişlerdi. Dualarım tüm çocuklar, hayvanlar ve hastalar için... Lütfen sizler de fırsat bulduğunuzda aç ve muhtaç çocuklar, yardıma ihtiyacı olan insanlar ve hayvanlar için dua edin. Dünyamıza sevginin, barışın, mutluluğun ve huzurun gelmesi için dua edin. Sevgili okurlarım, Allah ona açılan hiçbir eli geri çevirmez. Bu nedenle lütfen sizler de dualarınızı esirgemeyin.

Bir diğer ruhsal melek bağlantıysa İtalya'dan. Bayan Allessandra, torunu ve geliniyle birlikte İtalya'da yaşıyor. Onunla ilk olarak bir tren yolculuğu sırasında tanışmıştım. Yazar olduğumdan parapsikoloji, enerjiler ve melekler üzerine yaptığım araştırmalardan söz ettiğimde gözlerini kocaman açıp "Benim meleklerle çok bağlantım oldu" demişti. Bunu duyunca çok heyecanlanmıştım.

Bayan Allessandra altmış iki yaşındaydı ve çok hayat dolu, neşeli, pozitif bir insandı. Bu hâline, mutluluk ve huzura melekleri aracılığıyla, sahip olduğunu söyledi. Uzun tren yolculuğumuz süresince sohbet etme fırsatı bulmuştuk ve hâlen mailleşiyoruz. Ona ilk konuşmamızda meleklerle olan deneyimlerini sormuştum. Hemen sırt çantamdan not defterimi çıkardım ve Allessandra'dan yaşadığı deneyimleri kitaplarımda okurlarımla paylaşabilir miyim diye izin istedim. Bunu duyunca gözlerinin içi parlamıştı.

"Elbette, çok isterim" demişti, keyifle. Bende böylece notlarımı almaya başladım. Şimdi tren yolculuğumuz süresince Allessandra'nın yaşadığı melek deneyimleri üzerine aldığım notları sizlerle paylaşmak isterim.

"O zaman daha elli altı yaşındaydım. Oğlum ve gelinim Gilda, Fransa'ya çalışmaya gitmişler ve on üç yaşındaki torunumu bana bırakmışlardı. Kız torunum Verdi ile birlikte yaşamaya başladık. Günler çok sakin ve huzurlu geçiyordu. Torunum okuluna gidiyor. Ben de evde onun sevdiği yemekleri hazırlıyordum. Hayatımız mutlu ve yolundaydı. Ta ki o geceye kadar..."

"O gece ne oldu?" diye sormuştum heyecanla, çünkü Allesandra'nın bakışları hüzünlenmiş, yüzüne gölgeler düşmüştü.

"O akşam, içimde garip bir sıkıntı vardı, fakat Verdi'ye bir şey söylemiyordum. Onu üzmek ya da telaşlandırmak istemiyordum. Hemen oğlumu aradım. Sanki onlarla ilgili yolunda gitmeyen bir şeyler var gibi hissediyordum. Oğlum, her şeyin yolunda olduğunu, dışarıda yemek yiyeceklerini söylemişti. Ona çok dikkatli olmalarını söylediğimde, merak edecek hiçbir şey olmadığını her şeyin yolunda olduğunu kısa süre sonra İtalya'ya geri döneceklerini söylemişti. Onunla konuşmak biraz olsun içimi rahatlatmıştı ama yine de huzursuzdum. Bu huzursuzluğu Verdi bile fark etmişti. Bana iyi olup olmadığımı soruyordu.

Akşam on gibi Verdi odasına gidip yattı, fakat benim gözüme uyku girmiyordu. Televizyonun karşısında uzanıp, sanki her an telefon çalıp kötü bir haber gelecekmiş gibi tetikte beklemeye başladım. Aslında hiç uykum olmamasına rağmen kısa süre sonra gözlerim kapanmaya başlamıştı. Üzerime garip bir ağırlık çökmüş gibiydi. Televizyon, kısık sesle çalışıyordu ve ben uzandığım koltukta uyuya kalmıştım; ama inan bana ne zaman uyudum, nasıl uyudum hiçbir şeyin farkında değildim.

Büyük ihtimalle uykuya dalmamla rüya görmem aynı anda gerçekleşmiş olmalıydı, çünkü uyandığımda saatin sadece on buçuk olduğunu görmüştüm. Rüyamda karanlık sokaklarda dolaşıyordum ve bu sokaklardan birinde uzaktan oğlumu ve Gilda'yı el ele yürürlerken gördüm. Onları arkalarından görebiliyordum ve her ikisine beyaz, büyük ışık bedenleri eşlik ediyor gibiydi. Gölge gibi arkalarındaydılar ve kanatları vardı. Onları görür görmez koruyucu melekleri olduğunu hissetmiştim. Bir terslik olduğunun farkındaydım. Koşmaya çalışıyordum ama koşamıyordum. Oğlum ve gelinim koruyucu melekleri ile birlikte yürüyorlardı. Sokaklar boş ve karanlıktı. Çok ürkütücüydü. O sırada bir ses duydum.

'Onlara yardım et...' diyordu. Ses, sanki metalik bir ses gibiydi ve garipti. Koşmak için uğraşıyor ama koşamıyordum. Kan ter içinde uyandım. Melekler hakkında çok okuduğum ve çocukluğumdan beri onlarla deneyimlerim olduğu için bunun haberci rüya olduğunun farkındaydım. Ne yapacağımı bilmiyordum, hemen oğlumun Fransa'daki evini aradım fakat telefonu kimse açmıyordu. Verdi'yi üzmek, uyandırmak istemiyordum. Ne yapacağımı bilmiyordum. Perişan bir hâldeydim. Bildiğim tek şey meleklerin bana gösterdiği rüyanın bir anlamı olduğuydu ve yolunda gitmeyen bir şeyler vardı.

Bu rüyadan sonra gözüme uyku girmedi. Telefonu yanıma aldım ve beş dakikada bir oğlumun Fransa'daki evini aramaya başladım. Telefon çalıyor fakat kimse açmıyordu. Sürekli dua ediyordum. Kötü bir şey olmaması için dua etmeye devam ediyordum. Saat gece yarısını geçiyordu, yeniden gözlerime ağırlık çökmeye başlamıştı ve bir kez daha uyuya kaldım. Bu sefer beyaz koridorlardaydım. Koridorlarda ilerliyordum, fakat sanki bu koridorlar hiç bitmeyecek gibi geliyordu. Bu sırada bir odaya giren melekler gördüm. Küçüktüler ve etraflarında yeşil enerji halkaları vardı. Onların şifa melekleri olduğunu hissediyordum. Yeşil enerjinin şifa enerjisi olduğunu biliyordum. Onlar içeri giriyorlardı fakat ben daha ileri gidemiyordum. Koridorun köşesinde kalmıştım ve sadece bir odaya giren yeşil enerjiler saçan melekleri görüyordum, ama onların yanına gidemiyordum. Önümde bir set, engel var gibiydi.

Bu sırada çalan telefonun sesiyle yerimden zıpladım. Kalbim o kadar hızlı atıyordu, o kadar ani uyanmıştım ki, bir süre nefes almakta güçlük çektim. Telefonu açmıştım ama konuşamıyordum. Gilda'nın sesini telefonun diğer ucundan duyabiliyordum, ağlıyordu.

"Hastanedeyiz..." diyor fakat daha fazlasını konuşamıyordu.

"Ne oldu? Neden hastanedesiniz?" diye sorabildim, sonunda.

Gilda bana biraz sakinleştikten sonra neler olduğunu anlatmaya başladı. Akşam yemek yemişlerdi ve eve dönerken yolda saldırıya uğramışlardı. Gilda sadece elinden yaralanmıştı, fakat oğlum kalbinin yakınından bıçaklanmış ve çok kan kaybetmiş, ameliyata alınmıştı. Ona sakin olmasını hemen yanına geleceğimizi söyledim. Verdi'yi korkutmamaya çalışıyordum ama babasının durumunun kötü olduğunu hemen anlamıştı. Bulabildiğimiz ilk uçakla Fransa'ya uçtuk. Biz gidene kadar oğlumu kaybetmiştik...

Şimdi aradan o kadar yıl geçmiş olmasına rağmen o gece gördüğüm o iki rüyanın melekler tarafından bana gösterilen haberci rüyalar olduğuna inanıyorum. Oğlumu kaybettikten sonra onun için duyduğumuz acıyı hafifletmesi için meleklere çok çağrıda bulundum. Oğlumu çok defa bana rüyamda gösterdiler. Onun diğer âlemde mutlu olduğunu çok iyi biliyorum. Bunu Gilda ve Verdi de biliyorlar çünkü onlar da meleklere inanıyorlar.

Daha sonra Gilda ile konuştuğumda ona gördüğüm rüyaları ve o gece içimdeki sıkıntıyı anlatmıştım. Gilda ilk rüyamı dinlediğinde onların o sokaklarda kaybolduklarını nereden bildiğimi sormuştu. Ben onların kaybolduğunu bilmiyordum. Bunu bana meleklerim göstermişlerdi. Oğlum ve gelinim davet edildikleri yemekten dönerken biraz yürümek istemişler fakat henüz yabancısı oldukların Paris'in arka sokaklarında kaybolmuşlardı. Yabancı olduklarını anlayan bir grup genç onlara sataşmaya başlamıştı ve içkili olan gençlerden birinin elinde bıçak vardı. Ben bunları bilmiyordum, gelinimin ve oğlumun koruyucu meleklerinin onlara yardım etmeye çalıştıklarını rüya bağlantısıyla görmüştüm. Oğlumun getirildiği hastaneyi ve meleklerin gitmeme izin vermedikleri odanın ameliyat odası olduğunu görmüştüm. Gilda'ya koridoru ve odanın girişini tarif ettiğimde inanamamıştı, doğru görmüştüm.

Bütün bu yaşadıklarım gerçek. Oğlumun ruhu şimdi başka bir âlemde ve onun orada mutlu olduğunu biliyorum, çünkü bunu da bana meleklerim gösterdi. Ona bunu nasıl bildiğini ve meleklerin onunla nasıl bağlantıya geçtiklerini sordum.

"Ben çocukluğumdan beri meleklerle rüya kanalıyla bağlantıya geçebiliyorum. Sanırım bu bir yetenek. Çünkü şimdiye kadar defalarca kez rüyalarımı süslediler. Onlarla ilgili hatırladığım ilk rüyam, henüz yedi yaşında gördüğümdü. Büyükannem bana melekleri anlatır, onlarla ilgili hikâyeler okurdu. Melekleri çok seviyor ve merak ediyordum. Onların heykellerini ve resimlerini görmüştüm ama onları kendim görebilmeyi çok istiyordum. Büyükannem bana onların insan gibi aramızda dolaşmadığını fakat çok iyi olursam onları görebileceğimi söylemişti. Böylece her gün en az bir kez iyilik yapman gerekiyor demişti.

Ben de her gün bir iyilik yapıyordum. Kasabada yaşıyorduk ve evimizin küçük bir bahçesi vardı. Gün geliyor bahçenin etrafına kuşlar için su bırakıyor, gün geliyor kasabadaki yaşlıların torbalarını taşıyor, anneme ev işlerinde yardım ediyor, büyükanneme su getiriyor ve küçük kardeşime bakıyordum. Gündüz ne iyilik yaptıysam akşam büyükanneme anlatır ve melekler bana görünecek mi diye sorardım. Büyükannem onların zaten yanımızda olduğunu ve bir gün mutlaka bana görüneceğini, iyilik yapmaya devam etmem gerektiğini söylerdi.

Aynı yöntemi şimdi torunuma uyguluyorum. O da her gün bir iyilik yapıyor ve meleklerin ona görünmesi için bekliyor. Ben yedi yaşındayken onları görmeyi başardığım için sanırım çok şanslıydım. Güneşli bir cumartesiydi. Tüm gün anneme yardım etmiştim ve akşam büyükanneme yaptığım bu iyiliği anlatmıştım. O gece uyumadan önce, lütfen lütfen melekleri görmek istiyorum diye yalvardığımı hatırlıyorum.

Uykuya daldığımda çok güzel bir bahçede dolaşıyordum. Ortada bir kamelya vardı, büyükannem gençti ve kamelyada oturmuş, örgü örüyordu. Çok mutlu görünüyordu. Biraz daha dikkatli baktığımda yanında kanatları olan bir kız gördüm. Çok güzel saçları vardı ve çok güzel görünüyordu. Kanatları bembeyaz ve çok büyüktü. Kanatları olduğunu gördüğümde onun melek olduğunu hemen anlamıştım. Büyükanneme sesleniyordum ama beni duymuyordu. Örgü örmeye devam ediyordu ve melek de yanında öylece duruyordu. Sonra büyükannem yerinden kalkıp kamelyanın yan tarafında bulunan çeşmeye doğru yürümeye başladı. Melek de onun arkasından yürüyordu ama büyükannem onu görmüyordu.

Bu sırada büyükanneme meleği görmesi için sesleniyordum ama beni duymuyordu. Büyükannem üzerinde beyaz üstüne kırmızı puanlı bir elbise giymişti. Çok genç ve güzeldi. Çeşmeye doğru eğilip su içti ve yeniden kamelyadaki gölgeliğe oturup örgüsünü örmeye devam etti. Meleği yanından bir an bile ayrılmıyordu. Sabah uyandığımda ilk işim gördüğüm bu rüyayı heyecan içinde büyükanneme anlatmak olmuştu. Büyükannem dikkatle dinledikten sonra beni sevgiyle kucaklamış ve bana onun gençliğini gördüğümü söylemişti.

Büyükannem bahçesinde kamelyası ve küçük bir çeşmesi olan bir evde büyüdüğünü anlattı. Her bulduğu fırsatta kamelyada örgü ördüğünü söyledi. Üzerine giydiği kırmızı puanlı beyaz elbisesiyse en çok sevdiği elbiselerinden biriymiş. Ona gördüğüm melek kızın kim olduğunu ve büyükannemin yanından neden ayrılmadığını sormuştum. Sen benim koruyucu meleğimi görmüşsün demişti.

İşte bu benim meleklerle ilgili gördüğüm ilk rüyaydı. Oğlumun öte âlemde mutlu olduğunu da yine meleklerim aracılığıyla öğrendim. Onu kaybettiğim ilk aylar benim için çok zor günlerdi. Kimseyle konuşmuyor, doğru düzgün yemek yemiyor ve evden dışarı bile çıkmıyordum. Torunum ve gelinim benimle birlikteydiler. Onların da durumu pek farklı değildi. Hayat bizim için çok zordu. Geceler boyu dua ediyordum. Meleklerime ise oğlumu göstermeleri için çağrıda bulunuyordum.

İşte yine bu çağrıları yaptığım bir gece rüyamda oğlumun çocuk hâlini gördüm. Benim elimden bir melek tutuyordu, çünkü kendimi çok yaşlı görüyordum. Oğlumun etrafındatsa sayısız melekler vardı ve onların arasında oyun oynuyordu. Onu izlemeye devam ederken yavaş yavaş gençleşmeye başladığımı görüyordum. Bir süre sonra tek başıma yürüyebilecek hâle geldiğimde yanımda elimi tutan melek yavaşça elimi bıraktı, fakat yanımdan ayrılmadı. Bu rüyayı sanırım onun yardımıyla görebiliyordum. Oğlumu seyretmeye devam ettim. Sonra koşarak bana doğru geldi. "Ben çok mutluyum, benim için üzülme. Sizi burada karşılayacağım" dedi.

Ona sımsıkı sarılmak, yanından hiç ayrılmamak istemiştim, ama ona elimi uzatsam bile ulaşamıyordum; sanki onun olduğu boyut başkaydı. Her yerde bembeyaz bir ışık olduğunu görebiliyordum. Onun mutlu olduğunu görmek benim için dünyalara bedeldi. Bu rüya benim şifalanmama ve aydınlanmama neden olmuştu. Oğlum iyiydi ve bizleri orada karşılamak için bekliyordu. Bana bu rüyayı gösteren meleklerime minnettarım, çünkü onlar sayesinde yeniden yaşama dönmüştüm.

Meleklerim daha sonra pek çok defa bana oğlumu rüyalarımda gösterdiler. Onlar sayesinde torunum babasının ve gelinim de kocasının mutlu olduğunu ve onları beklediğini biliyor. Bizi ailecek şifalandıran meleklerimize minnettarız ve onları çok seviyoruz."

Sevgili okurlarım Bayan Allesandra'nın gördüğü melek bağlantı rüyaları ona hem mesajlar getirmiş, hem de şifa vermiş. Üstelik sadece ona değil, ailesine de yardım etmiş. Bayan Allesandra ile görüşmeye devam ediyorum. Uzun tren yolculuğum süresince bana dostluğu ve sevgisiyle eşlik ettiği için buradan kitabım aracılığıyla teşekkür ediyorum. Ayrıca yaşadığı deneyimleri paylaştığı ve size ulaştırmam için izin verdiği için ona minnetlerimi sunuyorum.

Sizlerle paylaşmak istediğim o kadar çok mucize var ki, inanın kitap üzerinde çalışmaya başladığım günden itibaren aralarında seçim yapmakta zorlanıyorum. Şimdi sizlere yine İtalya'da yaşanmış ruhsal bir melek bağlantısını sunmak istiyorum. İtalya'nın Toskana bölgesinde çalışan çok eski bir arkadaşımın kızı olan Ada'nın hikâyesi gerçekten çok etkileyici. Ada üniversitede sanat tarihi okuduktan sonra çalışmak için İtalya'ya gitmişti. Sık sık bana mail atar ve neler yaptığını anlatırdı. İşleri yolundaydı ve kaldığı evi çok seviyordu. Evin çok yaşlı bir ev sahibesi olduğunu ve onunla melekler hakkında konuştuklarını anlatıyordu. Şimdi Ada'nın bana gönderdiği maili sizlere olduğu gibi sunuyorum. Tarih, 07.01.2012...

"Aksu abla, nasılsın? Benim burada işlerim yolunda ama yine de ülkemi çok özlüyorum. Az önce annemle telefonda görüştüm ve sana da mail atmak istedim. Burada her şey çok gizemli ve insanlar meleklerle bir arada yaşadıklarına, onlardan yardım aldıklarına inanıyorlar. Özellikle ev sahibim Bayan Daniela meleklerle konuşabildiğine inanıyor. Ona bunu nasıl yaptığını ve nasıl konuştuğunu sorduğumda bana bunu öğretebileceğini söyledi. Çocukluğunda annesinin ona öğrettiği bu yöntemi o da kendi çocuklarına öğretmiş ve bugüne kadar uygulamaya devam etmiş. Yatmadan önce dualarını edermiş ve sonra eğer bir dileği varsa bunu bir kâğıda yazar, yastığının altına koyarmış. Dileği gerçek olana kadar bekler ve rüyalarında melekleri ona yardım edermiş. Benim dileğim de işimde yükselmek ve sonunda Türkiye'ye dönüp kendi işimi kurmak olduğu için iki gece önce dileğimi bir kağıda yazıp yastığımın altına koydum. Başta neler olabileceğinden pek emin değildim, ama içimden bir ses bunu denemem gerektiğini söylüyordu.

Ve gerçekten de dün gece bir bağlantı yaşadım. Bayan Daniela'nın iki katlı evinin giriş katında kiraladığım küçük odanın camı bahçedeki büyük çam ağacına bakıyor. Benim çalışma masam da cama dayalı olduğu için çalışırken bahçeyi kolayca görebiliyorum. Bir restorasyon projesi üzerinde çalışıyoruz. Çektiğim fotoğrafları inceliyordum. Saat gece yarısını geçmişti. Tüm gün yorulmuştum ve gözlerim kapanıyordu, ama raporumu hazırlamam gerektiği için kalkıp kendime bir bardak kahve aldım. Çalışma masama geri geldiğimde gözüm camdan dışarı takıldı. Orada bir ışığın parladığını gördüğümü sanmıştım, ama tam olarak ne olduğuna anlam verememiştim.

Çalışma masasına oturduğumda yeniden bahçedeki çam ağacında parlayan bir ışık gördüm. Kalkıp cama yaklaştığımda ışık hâlen oradaydı ve parlıyordu. Çalışma masamın üzerindeki lambanın yansıması olduğunu düşündüm ve lambayı söndürdüm ama ağacın arasındaki ışık parlamaya devam ediyordu. O sırada içimden bir ses ona daha dikkatli bakmam gerektiğini ve ne olduğunu anlayacağımı söylemişti. Camı açtım ve ağacın içinde parlayan ışığa doğru baktım. Bembeyaz bir ışıktı ve sanki bu beyaz ışığın içinde kanatlar vardı. Ona bakarken içimde çok garip duygular hissediyordum. Şu anda bu duyguları kelimelerle tarif etmekte zorlanıyorum, ama içim sanki büyük bir sevinçle dolmuş gibiydi.

Sanki o ışıkla aramda tuhaf bir çekim varmış gibiydi. Ona doğru çekiliyor gibiydim. Bir süre camı açık tutup ona baktım, ışık yavaş yavaş bir mum gibi sönüyordu ve o söndükçe benim de daha fazla uykum geliyordu. Daha çalışmam gerekiyordu ama o kadar çok uykum gelmişti ki camı kapatıp hemen yattım. Saniyeler içinde uykuya dalmış olmalıydım ve sanırım uyumamla rüyaya geçmem de aynı anda olmuştu. Rüyamda, çam ağacında gördüğüm ışık yine oradaydı. Bense camdan doğru o ışığa doğru uçan bir ruh olmuştum. Aksu abla, sanırım ben rüyamda ruhsal olarak dolaşıyordum, çünkü bedenim yoktu.

Işığa yaklaştıkça onu daha net görmeye başlıyordum. Gerçekten de o bir melekti. Ben rüyamda melek görüyordum. Onu takip etmemi istiyordu.

Bunu istediğini nereden bildiğimi bilmiyorum, ama biliyordum. Onu takip ederek uçmaya devam ettim. Aşağıda İtalya vardı ve bulutların aralarından uçuyorduk. O kadar gerçekti ki, şu an bunları yazarken bile heyecandan kalbim duracak gibi hissediyorum.

Sonra birden başka bir kareye geçtik. Kare diyorum çünkü film gibi çok açık ve net bir görüntüyle her şeyi izleyebiliyordum. Önümde açılan karede ahşap, kenarları oymalı bir masa ve aynı takımdan bir sandalye vardı. Buranın bir oda olduğunu fark ettim. Küçük bir penceresi vardı ve duvarda bir kitaplık duruyordu. Kitaplıkta kendi kitaplarımı, ahşap masanın üzerindeyse annemle çektirdiğim resmim olduğunu gördüm. Burası benim odam mıydı? İyi ama bu oda neredeydi?

Masanın üzerinde Türkçe yazılarla yazılmış dosyalar olduğunu fark ettim. Demek ki burası Türkiye'ydi. Her şey o kadar gerçekti ki... O sırada bana bu görüntüleri gösteren meleğimi görmeye çalıştım ama kaybolmuştu. Gördüğüm oda ve hayran kaldığım ahşap masayla sandalye de sanki bir sis bulutunun içinde kaybolmaya başlamıştı. Artık onları göremiyordum. Uyanır uyanmaz ilk yaptığım şey yastığımın altındaki nota bakmak olmuştu. Sonra hemen üst kata çıkıp Bayan Daniela uyuyor mu diye baktım. Oturma odasında uyuyakalmıştı ve ayak seslerimi duyunca uyandı.

Ona gördüğüm rüyayı ve rüyadan önce gördüğüm ışık meleğini anlattım. Beni heyecanla dinledikten sonra 'Ne dilemiştin?' diye sordu.

'Türkiye'de kendi işimi kurmayı...' diye yanıtladım.

'Işık meleği sana gelecekte Türkiye'de kuracağın ofisini göstermiş' dedi.

Bu gerçek olabilir miydi? Ben gerçekten de Türkiye'de iş mi kuracağım ve yeniden ailemle birlikte olabilecek miyim? Bayan Daniela ışık meleğine güvenmemi söyledi. Sabah annemi aradım ve o da aynı şeyi söyledi. Aksu abla, sen ne düşünüyorsun? Sence gerçekten de Türkiye'de iş kurabilecek miyim? Lütfen bana yaz...

Sevgilerle

Ada..."

Ada'ya meleklere güvenmesi gerektiğini, her şeyin çok iyi olacağını ve ışık meleğinin ona sorduğu sorunun yanıtını verdiğini ve geleceği gösterdiğini yazmıştım. Ada artık Türkiye'de yaşıyor ve kendi ofisini kurdu. Üstelik İtalya'da çalıştığı şirketin Türkiye temsilciliğini üstlendi. Buradan kitabım aracılığıyla ben de ona sevgilerimi iletiyorum...

Sevgili okurlarım, tarihten bugüne dek meleklerle bağlantıya geçebilen, onları görebilen ve onlarla çalışabilen pek çok insan vardır ve bu insanları çevremizde görmemiz mümkündür, yeter ki görmek isteyelim.

BUGÜN MELEKLERİNİZ
CEVAPLIYOR

Bugün pazartesi ve meleğiniz bugün sizi hayvanlara yardım etmeye davet ediyor. Bu davete uyumlanırsanız bu ay içinde ödülünüz büyük olacaktır.

Bugün salı ve meleğiniz bugün sizi çok kırıldığınız birini affetmeye davet ediyor. Bu davete uyumlanırsanız bu ay içinde sevgi ile ödüllendirileceksiniz.

Bugün çarşamba ve meleğiniz bugün sizi melekler kadar iyi olmaya davet ediyor. Lütfen gülümseyin ve kalbinizdeki sevgiyi etrafınızdakilere yansıtmaya çalışın.

Bugün perşembe ve meleğiniz bugün sizin için kanatlarını açtı ve sizi şifalandırıyor.

Bugün cuma ve meleğiniz bugün size haber getiriyor. Bu haber size bir telefon, mail, mektup ya da bir yakınınız aracılığıyla ulaşabilir.

Bugün cumartesi ve meleğiniz bugün sizi bir insana yardım etmeye davet ediyor. Bu davete uyumlanırsanız, bu ay içinde çok sevineceksiniz.

Bugün pazar ve meleğiniz bugün sizden bir çocuğu sevindirmeye davet ediyor. Bu davete uyumlanırsanız, bu ay içinde ödülünüz büyük olacaktır. Sevgili okurlarım, lütfen meleklerinizin çağrılarına kulak verin. Bu çağrılardan en azından birine uyduğunuzda karşılığında sizleri nasıl mutlu ettiklerini, sizlere ne büyük ödüller sunduklarını göreceksiniz. Birini mutlu etmek, bir insana, hayvana ya da bir bitkiye yardım etmek ruhunuzdaki meleksi tarafı görmenizi sağlayacaktır. İçimizdeki meleği uyandırmak bizim elimizde haftada ya da ayda en az bir kez bir canlıya yapacağımız küçücük bir yardım bile ruhsal olarak ilerleyişimizde büyük bir adım olacaktır.

SON SÖZ

Sevgili okurlarım, diğer kitaplarımda olduğu gibi bu kitap aracılığıyla da meleklerle çalışarak, meleklerden koşulsuz sevgi ve yardım alarak ruhsal şifalanma, yaşamınızdaki sorunları çözümleme fırsatı bulabileceğinize inanıyorum. Meleklerle bağlantı kurarak enerjinizin, çağrılarınızın gücünü öğreneceksiniz. Sahip olduğunuz eşsiz, benzersiz enerjinizin farkına varacak, Allah katına melekler aracılığıyla ya da aracısız ulaşan dualarınızın gücünü göreceksiniz.

Çağrılarınıza cevap almak için öncelikle inançlı olmalı ve sonra niyet etmelisiniz. Meleklerinizle tam bir inanç ve niyet ile çalışmalısınız. Bazılarınızın, hiçbir şey olmuyor ya da acaba olur mu dediğinizi duyar gibi oluyorum. Sevgili okurlarım, başaramıyorsanız bile lütfen vazgeçmeyin ve inancınızı, niyetlerinizi gözden geçirin. Bir daha, bir daha deneyin. Size ilk bölümlerde söz etmeye çalıştığım başmeleklerle arınma çalışmalarını uygulayın. Ruhsal, zihinsel, bedensel olarak arının... Ruh, beden ve zihin birbirine bağlıdır, biri diğerini tamamlar.